AF361979

DALE CARNEGIE TRAINING

LAS 5 HABILIDADES ESENCIALES PARA TRATAR CON LAS PERSONAS

*Cómo ser asertivo, escuchar
a los demás y resolver los conflictos*

Traducción de
PEDRO MANUEL MANZANO

Grijalbo

Las 5 habilidades esenciales para tratar con las personas

ÍNDICE

PREFACIO

Posiblemente Dale Carnegie ha hecho más que ninguna otra persona para transformar el área de las relaciones humanas y del desarrollo personal. Su programa mundialmente famoso, *The Dale Carnegie Course*, ha ayudado literalmente a millones de personas.

Mirando hacia atrás, a sus primeros años, el señor Carnegie vio que la preocupación y el temor fueron las dos fuerzas que le habían impedido lograr el éxito personal. Al superar estas dos emociones autodestructivas, logró una perspectiva y un éxito nuevos. Como resultado, Carnegie convirtió en su misión el ayudar a los demás a superar las preocupaciones y el miedo para que pudieran alcanzar sus sueños.

Ahora, con este libro, usted también puede beneficiarse de las nueve décadas de investigación sobre las relaciones humanas que millones de personas ya han descubierto a través del Dale Carnegie Training. Poniendo en práctica *Las 5 habilidades esenciales para tratar con las personas*, adquirirá la aptitud de centrarse en los factores que harán que usted y su organización avancen. Descubrirá y será capaz de aplicar estos métodos de eficacia probada, que le ayudarán a sentirse más seguro, respetado y cómodo en cualquier comunicación personal o de negocios. Mejorarán su confianza al tiempo que le guiarán para que transmita su mensaje con mayor consideración, potencia y claridad.

El objetivo primario de este libro es identificar y explorar cinco habilidades esenciales para tratar con las personas: establecimiento de relaciones, curiosidad, comunicación, ambición, resolución de conflictos. Pero esto sólo es el principio. Como verá, una serie de capítulos amplían y desarrollan las cinco habilidades en direcciones nuevas y apasionantes. En consecuencia, a medida que avance en su lectura, sea flexible con su pensamiento y proactivo en la aplicación de la información que adquiera. ¡Empiece ahora mismo!

Para obtener el máximo beneficio de este libro, no deje nada para más tarde. Le sugerimos que dedique simplemente cinco minutos (o más) para empezar a leer. Cuando vaya avanzando en el libro, asegúrese de completar la sección de «Pasos a seguir» que se incluye al final de cada capítulo. Esos ejercicios son pasos prácticos que puede aplicar de forma inmediata, en su trabajo o con su familia y amigos.

Siempre que sea posible, fíjese un plazo, y esfuércese por avanzar hasta la meta. Si no aplica los pasos que se ha fijado para sí mismo, este libro se convierte simplemente en un ejercicio de lectura. Aunque eso ya sea efectivo, sólo conseguirá todos los beneficios que este valioso libro le ofrece si completa los pasos a seguir. Tome una decisión que cambiará su vida: trabaje sobre sus conocimientos, ideas y estrategias, y conseguirá resultados que nunca habría soñado.

*Gana fuerza de lo positivo y no dejes que te mine
lo negativo.*

Dale Carnegie

CAPÍTULO 1
Una introducción a la asertividad

Hace poco más de setenta años, Dale Carnegie publicó un libro que sigue siendo una de las obras más influyentes de los últimos cien años. Es más, probablemente también será una de las obras más influyentes del próximo siglo. Ese libro se titula *Cómo ganar amigos e influir sobre las personas*. El título no podría ser más claro, ¿verdad? Las ideas que contiene son igualmente claras y tan válidas en la actualidad como en 1936, cuando fue publicado por primera vez. Aunque *Cómo ganar amigos e influir en las personas* es un documento monumental en la historia del desarrollo personal, cuando apareció representó una verdadera revolución. Antes de la publicación del libro de Dale Carnegie, el concepto de habilidades sociales no existía en realidad. Sin embargo, en la actualidad tenemos asumido que algunas actitudes son mejores que otras en las interacciones humanas.

El libro de Dale Carnegie propuso unos principios intemporales de las relaciones humanas que siguen siendo esenciales en la actualidad. De hecho, su influencia es hoy mucho mayor que en épocas anteriores. Con el adelanto de la tecnología y la aceleración de los negocios, los que dominan las habilidades sociales no sólo son un activo mucho mayor en los puestos de trabajo actuales, sino que alcanzan un mayor éxito. Las computadoras y los teléfonos celulares han cambiado sustancialmente nuestras vidas, pero la importancia de poseer habilidades eficaces para tratar con las personas no ha disminuido y no lo hará nunca.

Sin embargo, resulta imposible analizar un tema como las habilidades sociales (especialmente en el entorno profesional) sin referirnos a Internet, los celulares y el correo electrónico. Estos elementos están en todas partes. Van a donde vas tú. Las nuevas tecnologías han acelerado la forma en que se hacen las cosas en el lugar de trabajo moderno, pero también han aumentado las expectativas acerca de la velocidad con la que tienen que hacerse. En la actualidad, la gente no dice que necesita que algo esté listo mañana. Lo necesitaban para «ayer». Resulta extraño, pero es cierto, y también es algo así como una paradoja. En muchos aspectos el trabajo se ha vuelto más fácil y más rápido, pero las tensiones relacionadas con el trabajo son probablemente mayores que antes. El estrés está siempre presente y en todas partes, y todos sabemos que cuando las tensiones son elevadas, el potencial de fricción entre los individuos se incrementa de forma proporcional.

Esta es la realidad en la que vivimos. No hay forma de evitarla. Este es el entorno en el que tenemos que aprender a triunfar. Y cuando digo «nosotros», quiero decir «tú», no importa quién seas o cuál sea tu carrera. En realidad, no importa en qué área de la economía nos movamos, porque las mismas fuerzas están en juego en todas partes. Así que será mejor que subas a bordo. Dale Carnegie lo expresó muy bien: «No importa cuál sea tu línea de trabajo, incluso si es una profesión técnica, tu grado de éxito depende de tu habilidad para interactuar eficazmente con otras personas». A pesar del hecho de que las profesiones técnicas son en la actualidad el sector más potente de la economía, esas palabras siguen siendo ciertas.

EXPLORACIÓN Y SELECCIÓN

En los capítulos que siguen, vamos a ver en profundidad exactamente qué elementos intervienen en las interacciones asertivas. Nuestra exploración va a ser bastante selectiva. Hemos intentado de forma deliberada que los temas que cubre este libro sean muy específicos y precisos. El objetivo no es abarcarlo todo, sino explicar muy bien un número relativamente pequeño de cosas. Ya existen buenos libros en el mercado que tratan temas convencionales como escuchar de forma efectiva, o las claves para realizar una buena presentación comercial. Pero ¿para qué cubrir un terreno que ya ha sido explorado a conciencia? En su lugar, vamos a centrarnos en zonas nuevas, cinco en especial: establecimiento de relaciones, curiosidad, comunicación, ambición y resolución de conflictos, además de otros temas que son una extensión natural de estos.

Pero existe un aspecto de las habilidades sociales que es el fundamento de cualquier tipo de interacción humana eficaz, por lo que toda la atención que reciba es poca.

Nos estamos refiriendo a la asertividad: la aptitud para hablar y actuar de manera que consigamos de forma natural la respuesta atenta y positiva de los demás. Este es el elemento básico que forma el núcleo de cada una de las cinco habilidades para tratar con las personas. Si no estás preparado para presentarte de una forma positiva y proactiva, posiblemente no llegue a ocurrir nada de todo lo demás. Así que empecemos analizando el significado real de la asertividad en el entorno laboral actual, en el que realmente debes sobresalir para conseguir un poco de atención. A medida que avancemos en el tema, veremos cómo la asertividad difiere de otras formas menos efectivas de interacción.

Hay unos pocos elementos que podemos dar por supuestos. Todo ser humano, por ejemplo, desea que lo traten con justicia. Podemos pensar que el trato justo no abunda, pero al menos eso es lo que queremos. Es más, cuando sentimos que no nos tratan de forma justa, debemos insistir en que nos traten justamente. No debemos tumbarnos de espaldas y hacernos el muerto, aunque eso es, más o menos, lo que hace mucha gente. Para que nos traten de forma justa debemos expresar de forma clara, simple y eficaz nuestras preferencias, necesidades, opiniones, quejas y otros sentimientos. Nadie debería hacerlo en nuestro nombre. Tenemos la obligación de expresar nuestras necesidades. También tenemos la obligación adicional de hacerlo de una forma apropiada y productiva. Si no lo hacemos, no sólo nos estamos privando de lo que merecemos, también estamos privando a las personas que nos rodean de las contribuciones reales que podemos aportar.

PONER EN PRÁCTICA NUESTROS DERECHOS Y OBLIGACIONES

Ser asertivo significa en realidad establecer parámetros razonables para que nos traten de forma justa. Pasa como con las normas de tráfico: llegar a donde quieres ir es importante, pero eso no significa que puedas saltarte todos los semáforos en rojo. La asertividad es el punto medio entre los dos extremos de la agresividad temeraria y la pasividad derrotista. La persona genuinamente asertiva no es ni lo uno ni lo otro. Las personas agresivas están centradas en ellas mismas y son desconsideradas, hostiles y arrogantemente exigentes. Alejan a la gente. Las personas pasivas son débiles, quejicas e irrespetuosas con su propio interés. También alejan a la gente, excepto quizás a las personas agresivas. Sin embargo, entre estos dos polos se encuentran las personas que saben cómo conseguir comunicar sus ideas sin impedir que los otros hagan lo mismo. Tu tarea es convertirte en una de esas personas. Los hombres y las mujeres capaces de hacerlo son personas asertivas, y el propósito de este libro es mostrarte cómo convertirte en una de ellas. En cuanto domines esta habilidad, empezarás a hacer lo que es mejor para ti y para todos los que te rodean.

Esta es la visión de conjunto. Sin embargo, cuando miramos más de cerca a la asertividad, la imagen se vuelve más compleja e incluso paradójica. Es mucho más fácil ver lo que no es asertivo que lo que lo es. Mientras que resulta sencillo describir a las personas que son claramente agresivas o extremadamente pasivas, no siempre resulta fácil expresar con exactitud en qué consiste un comportamiento asertivo. En realidad esto no es nada raro cuando de trata del comportamiento humano. Como otras muchas cualidades humanas importantes, la asertividad es más fácil de reconocer que de definir. Así que analicemos las pruebas. Empezaremos examinando algunas situaciones de la vida real en las que la asertividad tiene un papel importante.

UN EJEMPLO DE ASERTIVIDAD EFICAZ TOMADO DE LA VIDA REAL

Imagina que acabas de completar un proyecto importante en el trabajo que ha consumido bastantes semanas de tu tiempo. ¡Qué alivio! El proyecto implicaba trabajar con un gran número de personas, y al final todo ha ido bastante bien a pesar de las diferentes personalidades que intervenían en él. Todo el mundo contribuyó y el resultado ha sido un gran éxito. Pero la historia no acaba ahí. Ahora descubres, desgraciadamente, que un miembro del equipo ha sido seleccionado por tu jefe para un premio especial. Parece totalmente arbitrario e injusto. Por alguna razón, sólo esta persona ha sido llamada al despacho del jefe para recibir una felicitación personal.

¿Cómo te sientes cuando te enteras? Nada bien, desde luego. Pero más importante aún, ¿cómo responderás? O, ¿responderás? Una persona agresiva sentirá, por supuesto, hostilidad hacia el director y hacia la persona seleccionada para el elogio. Tendrá sentimientos de ira y en algún momento puede que exprese palabras duras. Una persona pasiva, por otro lado, probablemente se negará a admitir que haya ocurrido nada cuestionable y no emprenderá acción alguna.

La respuesta asertiva se encuentra en algún punto entre estos dos extremos. Para ver qué implica, tenemos que comenzar por un principio que influirá en todas las lecciones a lo largo de este libro. Aquí nos centramos fundamentalmente en la asertividad y en las habilidades sociales en un entorno de empresa. Por eso, debemos adoptar un punto de vista profesional consistente, que se opone a uno estrictamente personal. En la situación que hemos descrito, una respuesta asertiva implica conocer cómo te sientes realmente y después encontrar una forma de expresar dichos sentimientos en un contexto profesional.

Supón, por ejemplo, que pides una reunión con el director en cuestión para exponer tus sentimientos. Aunque te sientas personalmente herido por el hecho de que otra persona ha recibido demasiados elogios por el trabajo que ha realizado todo el grupo, sería un error introducir estos sentimientos personales en la conversación desde el principio. Estamos en un entorno de empresa, así que céntrate en la empresa. No importa lo que pienses, si sólo hablas de tus sentimientos personales sonará como si estuvieras lloriqueando. Si dices algo así como: «He trabajado tanto como George, y ahora él se lleva todo el mérito», vas a sonar muy poco profesional.

Un enfoque mucho más asertivo sonaría así: «Comprendo que esté satisfecho con el trabajo de George en el proyecto, y me encanta oírlo, porque ha realizado algunas contribuciones importantes. Pero hay algo que me preocupa. Esto ha sido un esfuerzo de grupo, y todos nosotros hemos dedicado al proyecto una parte significativa de nuestro tiempo, incluido yo. Cuando llegue el momento de mi revisión de objetivos, me gustaría asegurarme de que recibo el mismo reconocimiento que George. Para mí es importante. Aunque por supuesto que sería muy gratificante para cada uno de nosotros si recibiéramos también un agradecimiento personal, mi preocupación principal es cómo afectará esto a mis oportunidades de ascenso en la organización».

Al centrarte en los aspectos profesionales de la situación, en lugar de los elementos emocionales, se ha producido un efecto muy útil. A eso nos referiremos en diversas ocasiones a lo largo del libro. Puedes ver que tanto la respuesta abiertamente pasiva como la abiertamente agresiva son en esencia comportamientos infantiles. En cualquier entorno profesional, la persona que parece más madura siempre es la que sale mejor parada. Si te quejas y lloriqueas o montas un berrinche, te situarás entre los perdedores. Lo mejor es demostrar asertividad. Se trata de la respuesta adulta entre los dos polos de actitud infantil.

Si examinamos algunos componentes específicos de la acción asertiva más de cerca, empezarás a ver cómo se articula esta idea del niño y del adulto.

SEPARANDO LOS COMPONENTES DE LA ASERTIVIDAD

La asertividad es un antídoto del miedo, la timidez, la pasividad e incluso de la ira, pues todas ellas son emociones infantiles. Ser asertivo significa hablar con un tono de voz alto y claro, plantear peticiones razonables y, en general, insistir en que se respeten tus derechos como ser humano igual e importante. La asertividad es también la habilidad de expresar emociones negativas sin personalizar el problema. Una persona asertiva sabe cuestionar, estar en desacuerdo, e incluso rechazar sin parecer infantil. La asertividad es ser capaz de cuestionar la autoridad desde una perspectiva positiva. Es la capacidad de preguntar «¿por qué?», no como signo de rebeldía sino con el objetivo de asumir la responsabilidad de hacer mejor las cosas.

Como conclusión de este capítulo, veamos cuatro pasos específicos que podemos seguir para poner en práctica la asertividad en prácticamente cualquier entorno. Estos cuatro pasos serán el fundamento de todas las estrategias asertivas que analizaremos en los dos primeros capítulos.

PASO 1: *Prepararse con autorreflexión*

En la actualidad existe una gran variedad de herramientas de evaluación para ayudarnos a determinar nuestros puntos fuertes y nuestras posibilidades de mejora. Las evaluaciones de 360 grados, o evaluaciones integrales, son especialmente útiles porque la información se recibe de una gran variedad de fuentes, y puede ayudarnos a revelar nuestros puntos ciegos. Dale Carnegie Training ofrece una gran variedad de herramientas de evaluación que puede encontrarse en su página web: www.dalecarnegie.com/assessments.

Para los objetivos de este libro, vamos a realizar una evaluación informal como primer paso para lograr convertirte en una persona asertiva e introducir la asertividad en tu repertorio de habilidades sociales. Una vez sepamos dónde nos encontramos ahora mismo, podremos reconocer qué cambios son necesarios y creer en nuestra habilidad para llevarlos a cabo.

Por ejemplo, ¿tienes con frecuencia la sensación de que se aprovechan de ti? Si es así, pregúntate si es realmente una imagen precisa de lo que ocurre en tu vida. Si decides que lo es, ¿qué necesitas cambiar? Es posible que seas alguien que tiene dificultades para decir que no cuando el «no» es exactamente lo que se requiere. Puede resultar útil empezar por apuntar las situaciones en las que te enfrentas a esta circunstancia. Mantén un diario de las veces que has dicho no, incluyendo cómo te sientes cuando lo haces. Si lo haces durante un período de tiempo, verás como tus inhibiciones se reducirán a medida que te enfrentes a ellas.

Quizá te encuentras al otro lado del espectro. ¿Puedes citar momentos en que has sido muy franco? ¿En algunos de ellos has pasado al comportamiento agresivo? Sé honesto contigo mismo en este tema. Si la respuesta es sí, pregúntate si eso realmente te ayuda o te perjudica. ¿La agresividad es algo que realmente quieres fomentar en tu personalidad, o sólo es un sustituto de la respuesta más adulta que representa la asertividad? Una vez más, intenta llevar un diario de las situaciones en las que sientes que estás actuando de un modo agresivo. Mantén un registro de tus progresos en controlar esos sentimientos.

Al hacerlo, ten en cuenta que el cambio positivo no va a ocurrir por sí mismo. Es posible que sientas una cierta ansiedad, o incluso un miedo real, al convertirte en una persona asertiva. Apúntalo en tu diario. ¿Hay alguien con quien puedas hablar sobre los cambios que estás intentando realizar? Habla con esa persona sobre las situaciones específicas y sobre los sentimientos que te preocupan.

Es posible que también quieras explorar los orígenes de las emociones que sientes.

¿De dónde proceden realmente tus valores al tratar con otras personas? Cuando tomas una decisión sobre cómo comportarte en una situación específica, ¿de quién es la voz que escuchas en tu cabeza? ¿Quiénes son las personas del pasado que inconscientemente influyen en tu comportamiento en el presente?

La verdad es que de niños nos bombardean con reglas: no seas egoísta, no insistas en ser el primero, no cometas errores, no seas emotivo, no seas poco razonable, no interrumpas y muchas más. La mayor parte de estas reglas son valiosas y bienintencionadas, pero si impactaron en tu conciencia con demasiada fuerza, puedes haberlas magnificado muy por encima de su propósito original. Es más, a pesar de lo bien fundadas que están muchas de estas reglas, todas ellas pueden romperse de forma legítima bajo ciertas condiciones.

Por ejemplo, tienes derecho a ser el primero, al menos algunas veces. Puedes cometer errores, siempre que procures aprender de ellos. Tienes derecho a decir que no tienes tiempo suficiente para algo, si realmente no tienes tiempo.

PASO 2: Lleva a cabo una autoevaluación honesta

La mayoría de los sentimientos de sometimiento o agresividad hunden sus raíces en los primeros años de vida. Ha llegado el momento de identificar esos orígenes y de darte cuenta de que los has superado.

A medida que se produce este proceso de reconocimiento, también debes ser consciente del perjuicio que te causa alejarte del comportamiento apropiadamente asertivo. Cuando actúas de forma agresiva, por ejemplo, es posible que incurras en sentimientos de culpa que con el tiempo pueden resultar muy agobiantes. Cuando permites que las personas o las circunstancias dominen tus necesidades legítimas, se produce una pérdida de autorrespeto. Al principio puedes pensar que el no imponerte es una elección, pero al final puede traducirse en una sensación de que realmente no tienes ningún poder.

En cualquier esfuerzo de desarrollo personal o profesional, una autoevaluación precisa es un primer paso esencial, y deberás eliminar todas las barreras que te impidan hacerlo con éxito. Sin embargo, no siempre resulta fácil mirarte al espejo y saber realmente lo que estás viendo, y desde luego no es fácil que otras personas te lo digan. El autoconocimiento y la autoevaluación son tan fundamentales que dar un paso firme en esa dirección es necesario y alentador. Tener a alguien con quien puedas hablar acerca de tu intención de convertirte en una persona asertiva es un elemento crucial de la autoevaluación. Hay una forma en que dicha persona puede ayudarte de verdad con un mínimo esfuerzo por su parte. Por supuesto, debes dejar claro que le devolverás el favor cuando te lo pida. Esto es lo que se necesita. Escribe un mensaje de correo electrónico a tu amigo, mándale una lista con una serie de características de personalidad. Incluye rasgos que crees que ya tienes, así como otros que sean tanto positivos como negativos. Por ejemplo, puede que pienses que eres una persona con sentido del humor o un individuo muy concienzudo. Apúntalos al principio de la lista. Después piensa en atributos que te gustaría tener. Quizá te gustaría que te conocieran como a una persona muy feliz, o como a alguien que es caritativo o compasivo. Incluye esas palabras en tu lista. Finalmente, incorpora algunas cualidades poco deseables, como «irascible» o «insensible».

Cuando le envíes esta lista a tu amigo, incluye una serie de direcciones de correo electrónico a las que tu amigo pueda reenviar la lista. Añade una nota breve en la que pidas a los destinatarios que marquen las cualidades de la lista que te describen. Asegúrales que cuando tu amigo te devuelva la lista, lo hará únicamente con los resultados, asegurando un anonimato total.

Cuando recibas los resultados, probablemente te sorprenderás de algunas cosas que la gente ve en ti y de las que tú nunca te has dado cuenta. Esta es una buena manera de conseguir una respuesta honesta sobre quién eres en comparación con quién crees que eres. Posiblemente te haga falta un poco de valor para enviar una lista de este tipo, pero hacerlo ya es un acto de asertividad por derecho propio. Así que inténtalo.

PASO 3: *Evaluando tu mundo exterior*

Una vez que has realizado un esfuerzo real para autoevaluarte, ha llegado el momento de volver la atención del interior al exterior. En otras palabras, evaluar los elementos presentes en tu vida, en especial en tu vida laboral. ¿En qué situaciones específicas estás envuelto ahora mismo que pueden plantear un obstáculo en el éxito de tu carrera? ¿Cómo manejas esas situaciones? ¿Estás siendo demasiado pasivo? ¿Quizás estás siendo demasiado agresivo?

Toma una circunstancia específica que te preocupe en este momento, y haz un análisis preciso de dicha situación. Después empieza a elaborar un plan específico y detallado sobre cómo actuar de forma asertiva en ese contexto, basándote en las siguientes líneas maestras.

En primer lugar, si tuvieras que hablar directamente con las demás personas implicadas en la situación, ¿cómo describirías tanto la propia situación como tus sentimientos hacia ella? Puedes escribir esta conversación, o incluso representarla para ti mismo. Sé muy específico sobre lo que ocurrió en el pasado, qué está ocurriendo ahora, y qué te gustaría que ocurriese en el futuro. No plantees acusaciones generales como «siempre son hostiles…, siempre están disgustados…, nunca tienes tiempo para comunicarte conmigo». En lugar de eso, haz afirmaciones sobre ti y sobre la situación, atente a los hechos, y mantén el control emocional.

Y lo más importante, no amplíes el marco de la conversación más allá de las circunstancias con las que te enfrentas en ese momento. Está bien hablar del pasado, pero sólo si tiene relación con esta situación en particular. Por ejemplo, es posible que quieras decir algo sobre una discusión que tuviste cuando empezaste este proyecto en concreto, pero no hables de algo que se dijo el mes pasado o el año pasado en un contexto completamente diferente. Sé objetivo. Céntrate en lo que ocurrió y en lo que está ocurriendo. No entres en temas psicológicos o de motivación. Sólo sabes lo que ocurrió a nivel físico. Puedes especular sobre las razones por las que tuvo lugar, pero ahora no es el momento de hacerlo.

Si sientes la necesidad de hablar sobre las emociones, asegúrate de que son las tuyas. Utiliza afirmaciones en primera persona, para mostrar que te responsabilizas de tus propios sentimientos. Intenta centrarte en los sentimientos positivos relacionados con tus deseos y necesidades legítimos, no en tus resentimientos hacia otra persona. Describe los cambios que te gustaría que se produjeran. Sé específico sobre las cosas que te gustaría que desaparecieran, así como sobre lo que te gustaría ver aparecer. Asegúrate de que los cambios solicitados sean razonables. Ser asertivo también implica tener en cuenta las necesidades de los demás, junto con la voluntad de realizar cambios en ti mismo. Es posible que quieras hablar de las consecuencias del cambio o de la ausencia de cambio, pero no amenaces. Las amenazas siempre personalizan una situación conflictiva. Cuestionan a las personas en un nivel más profundo de lo que es adecuado para una situación profesional, y eso puede provocar que alguien se sienta arrinconado y amenazado.

Cuando crees estos diálogos imaginarios, empieza los razonamientos con expresiones como estas:

«Lo que podríamos hacer es…»

«Podríamos hacer…»

«¿Podrías…?»

«Me gusta que cuando…»

«Estoy de acuerdo con algunas cosas de las que estás diciendo, y lo que me gustaría que cambiase es…»

Cuando tengas cierta práctica en construir tus escenarios de asertividad, empezarás a ver claras algunas cosas. Empezarás a percibir algunos factores innegables. Te darás cuenta de que no importa lo tranquilo y diplomático que seas, o la cantidad de veces que utilices frases en primera o en tercera persona, o lo mucho que te ciñas a la situación específica, siempre habrá momentos en que tu asertividad se perciba como un ataque personal. Es posible que esta percepción no tenga base real. Si el otro individuo resulta ser una persona agresiva, es posible que recibas el tipo de ataque que te están acusando de perpetrar. Para ser una persona realmente asertiva, debes estar preparado para esto y saber cómo responder.

Cómo responder a la agresión

En la mayoría de los casos, podrás controlar la situación explicando simplemente tu posición y manteniéndote firme. Sin embargo, es posible que sientas una gran tentación de contraatacar o de retirarte. Intenta resistir ambas tentaciones. Cuando la otra persona se ponga emocional y aumente el nivel de agresividad del diálogo, no dejes que influya en tu comportamiento.

Lo que ocurre en realidad es lo siguiente: al enfadarse, la otra parte está diciendo de forma implícita que sus sentimientos son más importantes que los tuyos porque está hablando en voz más alta, o está siendo sarcástico, o incluso se ha puesto a llorar. No dejes que ese comportamiento disminuya tu propia importancia o aumente la de la otra persona. No respondas con agresividad. Por la misma razón, tampoco te eches atrás. Eso es sencillamente un enfoque pasivo–agresivo.

En su lugar, mantén una actitud que diga «los dos contamos por igual». Dale Carnegie dice que obtenemos mayor beneficio si intentamos ver las cosas desde el punto de vista de las otras personas. Eso puede no ser fácil si la otra persona saca a relucir sus emociones. Mantener esa actitud requiere práctica. Una vez más, aquí hay un papel para un amigo íntimo o un colega. Pídele a alguien que interprete contigo la conversación de manera que puedas centrarte en mantener la serenidad.

Esto no significa que tengas que ser deshonesto sólo para mantenerte firme. Si una parte de las críticas que recibes está justificada, reconoce que la crítica es cierta. No pongas excusas. Incluso si no estás de acuerdo con la mayor parte de la crítica, puedes aislar alguna parte con la que estés de acuerdo con el objetivo de atenuar el tono de la discusión. Utiliza frases como «Puedes tener razón en eso...» o «Comprendo cómo te sientes...». En otras circunstancias eso puede dar la impresión de que estás dando marcha atrás, pero hay momentos en que un poco de conciliación puede ser un enfoque apropiado.

Recuerda que hasta ahora sólo hemos hablado sobre cómo practicar y preparar encuentros en el mundo real. Hemos sugerido que lleves un diario de comportamientos agresivos y pasivos por tu parte. Hemos hablado sobre algunas técnicas de autoevaluación, y hemos sugerido algunos ejercicios de juegos de rol que puedes llevar a cabo con un amigo. Ahora ya estás preparado para «probar sobre el terreno» lo que has estado practicando.

PASO 4: *Probar sobre el terreno*

Para cuando empieces a probar tu asertividad en situaciones de la vida real, aquí van algunas pautas que debes tener en cuenta. En primer lugar, elige un conjunto de circunstancias manejables. Empieza con situaciones sencillas y poco estresantes. Adquiere un poco de confianza. A medida que te sientas más cómodo, puedes ajustar tu acercamiento y prepararte para situaciones más difíciles.

Si en este momento no existe ninguna situación en tu vida que parezca exigir asertividad, intenta provocar alguna. Sólo se trata de salir ligeramente de tu zona de comodidad. Si estás en una reunión, plantea o una pregunta o pídele con tacto a alguien que explique algún punto en concreto. Envía una nota o un e-mail a algún superior tuyo sobre algo que te preocupe. Expresa un elogio o una opinión constructiva en una situación en la que normalmente habrías permanecido en silencio. No hagas nada de alto riesgo. Se trata sólo de volverse conscientemente un poco más asertivo de forma progresiva. Presta atención a cómo te hace sentir este cambio intencionado. Como siempre, escribir puede ayudarte a clarificar las ideas, así que intenta reflejar algo de esto en tu diario de asertividad.

A medida que crezca tu confianza, estarás preparado para enfrentarte a situaciones más complicadas. Durante una o dos semanas, elabora una lista de circunstancias en las que te gustaría afirmarte con más fuerza. Observa durante algún tiempo cómo se desarrollan esas situaciones antes de entrar en acción. Entonces elige una y decide cómo vas a entrar en ella con un comportamiento realmente asertivo. En otras palabras, ¿cuál es la mejor forma de comunicar tus ideas, deseos y necesidades legítimas? Y también, ¿cuál es la mejor forma de identificar y eliminar el comportamiento incorrecto de las otras partes? Finalmente, entra en acción teniendo en cuenta estas reflexiones.

Aquí tienes un par de pensamientos útiles que hay que tener en mente cuando hagas eso. Aunque algunas conversaciones puedan parecer monólogos, la mayor parte de las interacciones de negocios consisten en dos o más personas expresando sus ideas, sentimientos o deseos, e intentando imponerlos. De manera que, si te has expresado de forma asertiva, da a la otra parte la oportunidad de hacerlo también, mientras escuchas de forma empática. Reconoce que una victoria para ti y una derrota para la otra persona no es un resultado ideal. El objetivo que debe buscarse es un «todos ganan», o al menos la percepción de que es así. En muchas situaciones hará falta tiempo para conseguirlo. A veces estará justificado exigir una reparación inmediata de los agravios, mientras que en otros momentos será contraproducente. Sin embargo, bajo cualquier circunstancia, recuerda que la asertividad es el equivalente moderno de la Regla de Oro. Respeta los deseos y las necesidades de los demás, y espera que los demás hagan lo mismo contigo. No aceptes menos que eso.

PASOS A SEGUIR

1. Reflexiona sobre un incidente «injusto» en el que te has visto implicado, ya sea en el lugar de trabajo o en tu vida personal. ¿Cómo lo manejaste? Escribe sobre la experiencia y después reflexiona sobre cómo podrías haberlo manejado de forma diferente si tienes en cuenta los conceptos nuevos que acabas de aprender.

2. Realiza una autoevaluación honesta. En una escala de 1 a 10, ¿cuál es tu nivel de asertividad?

1	2	3	4	5	6	7	8	9	10
Pasivo				*Asertivo*				*Agresivo*	

3. Revisa la lista que sigue y marca con una X todos los rasgos que tengas en la actualidad y que te gustaría cambiar. Después redacta un plan de acción para llevarlo a cabo.

- ❏ Con frecuencia me siento víctima de las circunstancias que me rodean.

- ❏ Me desquito con los demás cuando estoy disgustado o siento que me tratan injustamente.

- ❏ A menudo empiezo mis frases con «tú haces que yo me...».

- ❏ Tengo dificultades para admitir que estoy equivocado.

- ❏ Me agobio a mí mismo y no digo que no con la suficiente frecuencia.

- ❏ Soy excesivamente crítico con los demás y conmigo mismo.

- ❏ A menudo utilizo los conceptos ilógicos y extremos «nunca» y «siempre» cuando hablo con alguien sobre su comportamiento.

- ❏ Evito a toda costa los enfrentamientos y me avergüenzo de ser asertivo.

NOTAS DEL PLAN DE ACCIÓN

CAPÍTULO 2
Las tres partes del mensaje asertivo

En el capítulo anterior hemos visto lo que es realmente la asertividad y hemos analizado algunas maneras de prepararte para introducir la asertividad en tu vida y en tu carrera. En este capítulo vamos a ver tácticas específicas que puedes utilizar para aplicar la asertividad en diversas situaciones profesionales.

Existen muchas técnicas para llevar a la práctica un comportamiento asertivo, pero la mayoría se basan en lo que podemos llamar las tres partes del mensaje asertivo:

1. Resume los hechos de la situación.
2. Expresa tus pensamientos y sentimientos.
3. Afirma claramente tus deseos y necesidades, incluidos los beneficios para la otra parte.

Esta fórmula en tres partes te permite expresar tus preocupaciones sin ser agresivo desde el punto de vista personal. La fórmula es sencilla, pero utilizarla requiere práctica y autocontrol. Veamos un ejemplo de cómo puede actuar la fórmula en una conversación real entre dos personas en un contexto profesional.

Nicole es la propietaria de una empresa de diseño de páginas web. Sus clientes necesitan a menudo que se cambie con rapidez el contenido de sus páginas web. A medida que están disponibles nuevos productos o servicios, los clientes quieren que la información esté en línea lo más pronto posible para captar clientes potenciales.

Recientemente Nicole ha estado preocupada porque uno de sus diseñadores no ha cumplido los plazos acordados para completar los proyectos. No es necesario remarcar que esto ha disgustado a los clientes de Nicole, de manera que ésta ha decidido hablar con el diseñador sobre la situación.

Nicole va a utilizar la fórmula del mensaje asertivo en tres partes. Empieza resumiendo los hechos de forma clara y directa. Ella dice: «Recuerdo nuestra conversación sobre el tiempo que te llevaría el trabajo en esta página web. Acordamos que serían diez días de trabajo. Han pasado dos semanas y el encargo no está finalizado».

Date cuenta de que Nicole no se refiere a nada más que a datos objetivos. No ha dicho nada de sus preocupaciones o sentimientos. Todo eso aparece en la segunda parte del mensaje asertivo en tres partes.

«Cuando hay retrasos como estos —prosigue Nicole—, se crean tensiones en el cliente, que se traducen en estrés para nosotros. Esto me preocupa y tengo que transmitirte esa preocupación.»

Con la tercera parte de la fórmula, Nicole clarifica los cambios que es necesario realizar. Dice: «Quiero dejar muy claro que cuando fijamos un plazo para un trabajo, ese plazo tiene que cumplirse. Cuando hablamos sobre el tiempo que ibas a necesitar para el encargo, creo que te pusiste un plazo poco realista. Quizá lo hiciste porque pensabas que así me darías la impresión de que eres un trabajador realmente rápido. Pero eso no es lo que voy a pensar si es imposible cumplir el plazo».

Hasta el momento Nicole sólo ha hablado del problema que es necesario solucionar, y de cómo resolver ese problema será beneficioso para ella y para su empresa. Pero recuerda que en cualquier diálogo asertivo es importante incluir los beneficios para la persona con la que estás hablando, siempre que sea posible.

En consecuencia, eso es lo que hace ahora Nicole. Dice: «En el futuro, cuando hablemos sobre cuánto tiempo necesitarás para un trabajo, será mucho mejor que te des un poco más de tiempo del que creas necesario, en vez de menos. Estoy segura de que eso hará que tu vida sea más fácil y menos estresante. Si acabas el trabajo en el plazo fijado, el cliente estará satisfecho y yo también. Y si lo terminas antes de lo que se te ha pedido, todo el mundo estará agradablemente sorprendido».

En el ejemplo de Nicole puedes ver las diferencias entre asertividad y agresión. Aun cuando Nicole habla de sus sentimientos, los únicos sentimientos que menciona están relacionados con el trabajo. No dice: «Intentas enojarme deliberadamente» o «Estoy realmente furiosa con esto». Si hubiera dicho algo parecido, habría abierto la puerta para que el empleado empezase a verbalizar sus respuestas emocionales, o al menos que empezase a pensar en ellas. Esto podría haber provocado rápidamente el descarrilamiento de la conversación.

Existe otro aspecto de este diálogo imaginario que es muy importante. Date cuenta de que la persona que está siendo asertiva es el director, no el subordinado. Al pensar en la asertividad, podríamos suponer que la persona que necesita esa herramienta es siempre el inferior. Pero los supervisores también necesitan ser asertivos. En realidad, la asertividad no está relacionada con el poder. Se trata de autorrespeto. Se trata de afirmar con firmeza lo que crees y lo que quieres, basándote en quién eres como ser humano y como partícipe en una operación de negocios. Puesto que los directivos, igual que todos los demás, tienen este derecho, las habilidades asertivas son esenciales.

UNA MIRADA DETALLADA A LAS TÁCTICAS ASERTIVAS

El mensaje asertivo en tres partes es una fórmula básica excelente para la comunicación profesional. Pero sería simplista decir que esto es todo lo que necesitas saber sobre tácticas asertivas. Con la fórmula en tres partes como fundamento, vamos a ver con más detalle las tácticas asertivas.

¿Qué ocurre, por ejemplo, si encuentras alguna resistencia en la persona con la que estás hablando? En el diálogo que acabamos de reproducir, ¿qué debería haber hecho Nicole si su empleado no hubiera estado de acuerdo con ella o incluso si hubiera expresado ese desacuerdo con agresividad?

La verdad es que a algunas personas no les gusta que hagan comentarios sobre su trabajo y suelen tomarse esos comentarios de manera personal. Ven las cosas de cierta forma y se resisten a cambiar. Si alguien tiene que cambiar, pretenden que seas tú. Pero una persona asertiva sabe cómo manejar esa situación. Si tratas con una persona inflexible, una buena táctica es un poco de inflexibilidad por tu parte.

Esto significa afirmar tus necesidades de forma tranquila, firme y clara. Si el empleado de Nicole dice: «No fijé un plazo demasiado corto y poco realista», Nicole debería responder: «Aunque el plazo podía no parece poco realista, la tarea no se ha completado. En el futuro, quiero que te des más tiempo». Si el empleado dice: «Dile al cliente que se calme», Nicole debería contestar: «La mejor forma de calmar al cliente es entregándole a tiempo el trabajo que le habíamos prometido. En el futuro, sería adecuado que te dieras más tiempo». Se trata simplemente de repetir el mismo razonamiento exactamente de la misma forma hasta que la persona capte el mensaje (sin tener en cuenta cualquier excusa o réplica). Mantén la calma y cíñete al tema. Respeta siempre los derechos del otro. Y plantéate siempre las siguientes preguntas:

- ¿Cómo puedo expresar mi mensaje de forma más clara?
- ¿Cómo puedo ser más específico en lo que tengo que decir?
- ¿Cómo puedo evitar que la otra persona me aparte de la senda marcada?

Como la mayoría de las personas, es posible que alguna vez hayas sentido remordimientos después de una ocasión en que deberías haber mantenido una actitud asertiva pero no lo has hecho. Y seguramente te habrás repetido muchas veces la misma escena en tu interior, con resultados mejores pero imaginarios. Este ejercicio mental te puede proporcionar una breve satisfacción, al menos hasta que se vuelva a repetir la misma situación.

Existen multitud de ocasiones en la vida, tanto irrelevantes como importantes, en las que podemos utilizar más la asertividad para afirmarnos. Estoy seguro de que puedes pensar en muchos ejemplos, que se completan con variaciones de «esto es lo que debería haber hecho». Por eso, en lugar de fantasear, vamos a ver algunos pasos reales que puedes dar la próxima vez que te asalte la necesidad de asertividad en tu vida.

Controla tu lenguaje corporal. Cuando te están reprendiendo o insultando es muy fácil permitir que tu lenguaje corporal hable por ti; puedes inquietarte o asentir, encoger los hombros, o incluso ofrecer una sonrisa de disculpa. Todo eso son señales de conciliación, indicios de que estás a punto de rendirte. Debilitan tu posición antes incluso de que tengas la oportunidad de empezar a fortalecerla.

Para ser más específicos, tu primer paso debe ser limitar tu lenguaje corporal al máximo. En su lugar, puedes estar de pie o sentado sin moverte y mirando a la otra persona a los ojos. Espera a que haya acabado antes de responder a cualquier cosa que haya dicho. Ni siquiera intentes interrumpirlo. Esta es su oportunidad de decírtelo todo, deja que la aproveche. Sólo tienes que dejar claro que cuando tengas la oportunidad de responder, insistirás en que nadie te interrumpa. Ya sea que estés tratando con un superior en un contexto laboral o que discutas con alguien sobre una cuestión personal, deja que digan lo que tengan que decir y después deja claro que tú también mereces que te escuchen.

Habla en términos activos y en primera persona. Mantente firme utilizando un lenguaje directo. Habla desde tu propio punto de vista. Empieza cualquier respuesta fundamentando tu razonamiento en la primera persona. Di: «Aprecio tu punto de vista… ¿Has considerado…?» o «Prefiero hacer esto —o no hacerlo— porque…», o «Yo creo…». Estas frases te ayudan a centrarte en el tema y al mismo tiempo impiden que lances ataques personales contra los demás. La asertividad no es un concurso de debates, y tampoco es una batalla en la que la mejor defensa puede ser un buen ataque. Se trata de defender tus acciones, motivos u opiniones contra ataques frívolos por parte de los demás que tienen por objetivo minimizarte.

Aunque las palabras *Lo siento* puedan parecer las adecuadas, en realidad no lo son. Esa es una expresión de pasividad, y no querrás parecer pasivo en el momento que intentas afirmarte. Esto no se aplica si descubres que has cometido un error. Deberemos admitir cualquier error de forma rápida y enfática. Sin embargo, no te disculpes nunca por defender tus derechos; puedes disculparte más tarde por decir algo en el calor del momento que no haya sido demasiado prudente (algo que habría que evitar con tu jefe), pero nunca por defenderte.

Lleva la situación a una conclusión. Otra persona inició esta situación intentando infravalorarte. Toma el control de la situación siendo el que la concluya. Si eso significa que necesitas afirmarte presentando un ultimátum y te lo puedes permitir, hazlo. También puedes simplemente aceptar la situación y decir: «No estoy de acuerdo en esto, por tanto, ¿por qué no acordamos que no estamos de acuerdo y seguimos adelante?».

Muchas personas que intentan infravalorar a los demás no esperan resistencia ni saben qué hacer cuando se enfrentan a ella. Enfrentado a su reacción desconocida y posiblemente poco fiable, cierra la situación antes de que ésta se produzca. Reafirma tu posición si es necesario, de manera que parezcas alguien que cree en sí mismo y en su talento. Para conseguirlo, puedes sugerir una solución o, si puedes tolerarlo, un compromiso. ¡Busca con ahínco lo primero y no estés demasiado ansioso por lograr lo segundo!

LA PERSPICACIA DE DALE CARNEGIE

En el tema de las tácticas asertivas, resulta interesante e incluso estimulante darse cuenta de hasta qué punto las comprendió Dale Carnegie en fecha tan temprana como la década de 1930. Hasta hoy, no ha existido un estratega y un táctico de la asertividad que haya conseguido superar a Dale Carnegie. Es posible que no utilizase esta palabra exacta, pero tenía una comprensión profunda de la asertividad y de cómo ponerla en práctica. La mejor prueba de ello es ver simplemente lo que Dale Carnegie dijo.

La entrevista asertiva

Una experiencia importante y recurrente en la vida adulta de todo el mundo es una entrevista para conseguir un objetivo deseado. La entrevista puede ser para un empleo, para un crédito, o para conseguir que tu película de estudiante entre en un festival o en una competición. Estas entrevistas pueden ser puntos de inflexión importantes, hasta el punto de cambiar toda tu vida, así que querrás enfrentarte a ellas con la mejor preparación posible. De hecho, es justo decir que necesitas enfrentarte a ellas con la mejor preparación posible. Así que vamos a ver qué puedes hacer exactamente para alcanzar ese fin.

Prepárate. De todos los consejos para la entrevista que podamos analizar, «preparación» es la palabra más importante y la parte más importante de todo el proceso. Con una buena preparación, todo irá como lo has planeado y obtendrás el resultado que deseas. Sin preparación, ese resultado será imposible, en parte porque ni siquiera tendrás claro en tu mente cuál debe ser ese resultado. Como afirma la sabiduría popular, si no sabes adónde vas, no llegarás nunca.

Antes de participar en una entrevista, investiga un poco para conocer información básica sobre la persona o personas con las que te reunirás. Si te entrevistan para un empleo, ¿para qué tipo de empresa vas a trabajar? ¿Cuál es su historia? ¿Quiénes fueron sus fundadores? ¿Cuál es su misión? ¿Cómo se refleja esa misión en la manera en que la empresa hace negocios en el mundo real? Esta información te proporcionará una base para responder con inteligencia las preguntas que se planteen durante la entrevista real.

Tu investigación debería incluir temas específicos relacionados con el puesto y sus requisitos. Sin duda no querrás enfrentarte a alguna pregunta delicada que te deje completamente fuera de juego. La única razón por la que podría ocurrir es que hubieras tirado la toalla respecto a la preparación.

Aquí tienes una buena técnica: ¡Mírate en el espejo! ¿Puede haber algo más sencillo? Sigue todo el proceso de «entrevistarte a ti mismo» prestando especial atención a los puntos débiles de tu apariencia, tu lenguaje corporal y tu conocimiento de los temas relevantes.

Demostrar confianza y asertividad son seguramente los elementos más importantes de una entrevista. Todos los entrevistadores desean ver que estás seguro de ti mismo, y que tu grado de confianza es un reflejo de tus verdaderas habilidades.

Vístete para el papel. *Utilizando el mismo concepto que cuando se prepara un currículo, tu apariencia tendrá un papel crucial en presentar una buena imagen de ti mismo. No esperamos que la persona que nos ofrece el trabajo vaya con zapatillas deportivas y tejanos, ¿entonces por qué lo vamos a hacer nosotros? Viste de forma apropiada para el trabajo concreto. Puestos administrativos y de gestión requieren traje y corbata para los hombres, y el atuendo correspondiente para las mujeres. No exageres, pero es mejor ser demasiado formal que excesivamente informal.*

Tácticas ganadoras. *Aquí están las tres cosas simples y esenciales que deben hacerse al entrar en el lugar de la entrevista y conocer a la persona con la que vas a hablar:*

- *Preséntate diciendo claramente tu nombre.*
- *Mira a los ojos del entrevistador. ¡Mantén una expresión amable en el rostro!*
- *Da la mano con firmeza, con un poco más de fuerza de la que crees que es necesaria.*

En lado contrario, aquí van algunos comportamientos a evitar:

- *Siéntate recto y no dejes caer los hombros. La forma de sentarte demuestra confianza y energía.*
- *¡Estate quieto! Mover continuamente las manos o los pies sugerirá nerviosismo.*
- *Piensa antes de hablar. Toma la decisión consciente de espe-*

rar antes de responder a una pregunta. Incluso un segundo puede ser útil cuando intentas ordenar tus pensamientos.

Excepto que te entreviste una persona muy creativa o excéntrica, existe la casi total seguridad que se plantearán ciertas preguntas. Aquí van algunas de las categorías más predecibles.

Lo básico. Toda entrevista de trabajo contiene una serie de preguntas pensadas para ese entrevistado en concreto. Pero la mayor parte de las entrevistas comprenden un conjunto de preguntas que se plantean prácticamente en cualquier situación, ya sea una entrevista para contratar a un maestro de guardería o a un profesor universitario.

A continuación incluimos una lista para darte una idea del tipo de preguntas que pueden salir a colación durante la entrevista. La clave está en contestar las preguntas con sinceridad, de forma meditada y con claridad.

- *¿Qué experiencia tiene para el puesto?*
- *Además de su experiencia, ¿qué lo convierte en un candidato sobresaliente?*
- *¿Dónde se ve dentro de cinco años?*
- *¿Por qué quiere trabajar para nuestra empresa?*
- *¿Qué aptitudes específicas puede aportar a nuestra empresa?*

Tómate el tiempo necesario para responder a cada una de las preguntas. Repito, es importante que parezcas confiado sin dar la impresión de creer que el puesto ya es tuyo. Los entrevistadores siempre lo notan, y una sensación de complacencia puede trabajar en tu contra durante el proceso de contratación. Entrega lo mejor de ti durante toda la entrevista, hasta el final.

Existen diferentes niveles de entrevista, desde la preliminar a la selección final. Cada etapa ofrece diferentes niveles de dificultad y requiere una preparación diferenciada. Pero con los conocimientos básicos, deberías estar preparado para enfrentarte a una entrevista en cualquier situación.

EMPEZAR LAS REUNIONES CON UNA NOTA POSITIVA

En la mayoría de las reuniones de negocios, un prerrequisito para el éxito es la asertividad sin agresividad por las dos partes. Para conseguirlo, Dale Carnegie sugiere que se inicie la conversación con un elogio y un reconocimiento honesto. ¿Para qué? ¡Para casi todo! En definitiva, empieza con una nota positiva. Antes de la reunión, piensa con cuidado en la nota positiva con la que vas a empezar. No es necesario convertir esto en un discurso o en una declaración formal. Sólo menciona algo que va a crear una conexión positiva desde el principio. Si no has tenido ningún contacto previo con la otra parte, di algo positivo sobre la organización, sobre los colegas a los que ambos conocen, sobre la comunidad local, o sobre casi cualquier cosa (con la posible excepción del tiempo). Sería ideal que te pudieras referir a algún proyecto exitoso del pasado en el que los dos trabajaron juntos. Repito, no es estrictamente necesario. Lo importante es decir algo que tenga un tono positivo. En el nivel más básico puedes expresar alegría por haber concertado la reunión.

ADOPTA UN ACERCAMIENTO INDIRECTO

Si el objetivo de la reunión es discutir un error o un desacuerdo, aborda el tema de forma indirecta. Este enfoque indirecto es otro de los principios verdaderamente perspicaces de Dale Carnegie. Como Carnegie comprendió muy bien, es un error confundir el ser asertivo con ser meramente franco y falto de tacto. Presentarse simplemente con la acusación de que alguien ha hecho algo mal o es un incompetente es casi siempre una táctica muy mala. Sólo obliga a la otra parte a ponerse a la defensiva, con lo que es muy poco lo que se podrá conseguir.

Como sugiere el señor Carnegie, resulta una buena idea hablar de los propios errores antes de criticar a otra persona. Cuando se comenta la actuación de otro, el acercamiento asertivo debe centrarse en las soluciones de futuro. Los errores del pasado tienen que verse como hitos que marcan la dirección para mejorar la actuación en el futuro. El énfasis debe ponerse siempre en experiencias y criterios objetivos, más que en las carencias personales de alguien.

Imagina, por ejemplo, que una jefa de ventas tiene una charla con uno de sus representantes. La jefa está muy preocupada por los resultados recientes del representante. «Tu productividad está bajando últimamente –le comenta–. ¿Qué está ocurriendo? ¿Qué te pasa?»

Desde el punto de vista del representante, preguntas como estas son muy difíciles de responder. Las cuestiones son demasiado amplias y personales. Se refieren más bien a la personalidad del representante, más que a lo que ha hecho o dejado de hacer. «¿Qué te pasa?» plantea temas que se resolverían mejor en una sesión de psicoterapia. No es el tipo de lenguaje que debería aparecer en una discusión profesional.

Para darle un enfoque mucho más productivo, la jefa debería decir algo como lo siguiente: «El mes pasado estabas a la cabeza en productividad. Últimamente parece que las cosas se han ralentizado un poco. Sé que puede ocurrir, porque he visto fluctuaciones como esas en mi propio trabajo. ¿Se te ocurre qué es lo que puede haber provocado este cambio?».

Aquí el énfasis está en lo que está ocurriendo realmente más que en temas profundos y subyacentes. Observa también que la jefa proyecta empatía con el representante al referirse a sus experiencias similares. Esto no es una debilidad por parte de la jefa. Se trata de un comportamiento asertivo en el mejor sentido de la palabra.

PREGUNTAR MÁS QUE ORDENAR

Como otra táctica de la asertividad, Dale Carnegie subraya los beneficios de plantear preguntas más que dar órdenes directas. Si un jefe de ventas le dice a un representante: «Quiero ver una lista diaria de todas las llamadas que hagas antes de mediodía», resulta inevitable que el representante se ponga a la defensiva. Siempre que a un adulto le hablan como si fuera un niño, habrá resistencia.

Una táctica mucho más asertiva por parte del jefe sonaría de la siguiente forma: «En mi propio trabajo me he dado cuenta de que una buena gestión del tiempo está estrechamente relacionada con la productividad. Cuando controlo cómo utilizo mi tiempo, suelo obtener resultados mucho mejores. ¿Has intentado alguna vez controlar por escrito cómo utilizas el tiempo? ¿Por qué no lo intentas durante un par de días? Si quieres, lo podemos revisar juntos y ver qué nos dice».

Esta es una acción verdaderamente asertiva. Contiene una reprimenda implícita que está rodeada de empatía y ánimos. Mientras que un enfoque agresivo hace que el problema parezca más profundo y misterioso, el diálogo asertivo lo saca a la superficie, donde parece más fácil de corregir. En lugar de sentirse amenazadas, las personas se sentirán felices de hacer las cosas que sugieras.

Aunque resulta difícil desechar una sugerencia cuando se plantea de esta forma, el proceso no ha terminado. Sea cual sea la indicación constructiva que hayas dado, asegúrate de realizar el seguimiento, acompañado del reconocimiento de cualquier mejora, por pequeña que sea. De este modo, una persona que de otra forma podría sentirse infravalorada por la crítica siente que tiene que estar a la altura de esa buena reputación.

TERMINAR CON UNA NOTA POSITIVA

Dale Carnegie dejó bien claros estos puntos en su obra pionera sobre el comportamiento y las habilidades sociales. Tuvo una intuición muy perspicaz que muchas veces pasan por alto las personas que confunden las tácticas asertivas con el comportamiento agresivo. Siempre que te tengas que centrar en una situación negativa o expresar una crítica de cualquier tipo, lo que ocurre al final de la conversación es extremadamente importante. No debes permitir que la discusión acabe con una nota negativa. No dejes que la otra persona vaya sintiéndose destrozada o como una víctima. Sorprendentemente, esto se aplica sobre todo cuando tu crítica está muy bien justificada, porque en esas circunstancias es cuando alguien puede sentirse muy culpable y deprimido. Siempre tienes que dar a la gente la oportunidad de conservar la dignidad. Permíteles siempre una retirada honorable. Eso abre la posibilidad de un nuevo inicio en vuestra próxima interacción. Terminar con una nota negativa deja una sensación persistente de negatividad, y una conversación asertiva, por encima de todo, debería ser una experiencia positiva para todos.

MIRAR LAS REACCIONES

Durante estos dos primeros capítulos, hemos definido la asertividad y la hemos distinguido de la agresión y de la pasividad. Hemos hablado sobre cómo desarrollar la asertividad desde un punto de vista estratégico a través de la comprensión de los aspectos que implica y a través de ejercicios que puedes hacer antes de emprender acciones asertivas en la vida cotidiana. En este segundo capítulo, hemos revisado las aplicaciones tácticas de la asertividad en situaciones profesionales reales, y hemos visto cómo Dale Carnegie anticipó dichas situaciones incluso en sus obras más tempranas. Antes de seguir con los temas totalmente centrados en la asertividad que constituirán los capítulos siguientes, veamos alguna de las reacciones que puedes obtener cuando conviertes la asertividad en la base de tus comunicaciones profesionales. Saber cómo reconocer y manejar estas reacciones es extremadamente importante. Si no las gestionas correctamente, es posible que, a pesar de haberte comportado de forma asertiva mientras has estado en presencia de la otra parte, no consigas el resultado que deseas una vez terminada la conversación.

Con mucho, la respuesta negativa más común frente a la asertividad es la simple agresión por parte de la otra persona. En algunas situaciones hay gritos, rostros enrojecidos y puñetazos en la mesa, junto con todo tipo de amenazas e intimidaciones. El reto aquí es evitar que te arrastren a este tipo de comportamientos. Afirma tu derecho a apartarte de ellos. Si has realizado tu labor estratégica antes de que tenga lugar la conversación, puedes estar seguro de que tienes razón. Así que no hay necesidad de disculparse o de dar marcha atrás. Evidentemente, puedes lamentar en público que la otra persona esté alterada. Después de expresarlo, debes reafirmar tu posición. Uno de los aspectos más peligrosos de la ira es el hecho de que es altamente contagiosa. Necesitas crearte inmunidad frente a la ira de los demás siendo consciente de lo «atractiva» que puede ser.

Y recuerda que aunque la gente no se enfade en tu presencia durante una conversación asertiva, es un error dejarlos ir sin resolver antes cualquier sentimiento negativo que haya podido aparecer. En caso contrario, puedes descubrir que expresan su malestar contigo ante otras personas del lugar de trabajo en vez de decírtelo a la cara. Esta situación puede ser más difícil de gestionar y puede dañar la moral.

Es posible que te llegue la voz de que ha habido quejas y murmuraciones alrededor de la máquina del café. Al menos inicialmente, la mejor táctica es ignorar estas consecuencias. Si continúa, deberías tener otra conversación en la que aplicarás los mismos principios de asertividad que hemos estado analizando. Esta vez, sin embargo, asegúrate de que salgan a la superficie todos los sentimientos negativos antes de darla por terminada, no importa la cantidad de ira que pueda comportar por parte de la otra persona. Como hemos visto, el reto para ti es evitar que te arrastren hacia la ira.

Ya sea en tu presencia o a tus espaldas, un comportamiento abiertamente agresivo se puede manejar con mayor facilidad que una respuesta pasiva-agresiva ante una conversación asertiva. Hacer pucheros, autocompadecerse, plantear excusas e incluso llorar son respuestas muy habituales. Pero repito, sé comprensivo sin echarte atrás. Simplemente, debes repetir el núcleo de tu mensaje de forma tranquila pero firme, sin importar la cantidad de drama con que te encuentres.

Algunos individuos reaccionan ante la asertividad con burlas, intentando debilitar tu argumento y tu posición, y con otros comportamientos parecidos. Es importante enfrentarte de inmediato a esas reacciones, señalando lo que está haciendo la persona y reafirmando tu postura. Si hay otras personas presentes, es mejor llevarse aparte a la persona que tratar el problema en público.

TRATAR CON LA NEGACIÓN

También es posible que una persona niegue todo lo que hayas estado diciendo. Te puede acusar de que estás creando un problema donde en realidad no existe ninguno. Esto puede resultar difícil, porque estás hablando de dos interpretaciones opuestas de la realidad. Es posible que la otra persona crea sinceramente que estás totalmente equivocado. Aquí resulta apropiado disculparse, de forma hipotética, por cualquier posible error por tu parte. Tu respuesta probablemente debería sonar de forma parecida a esto: «Te he explicado cómo me parecen las cosas. Puedo comprender que sea diferente a como las ves tú. Basándome en mis percepciones, tengo que mantenerme en lo que he dicho».

Si el tema que estuvieron discutiendo ha sido lo suficientemente delicado, es posible que te encuentres con que alguien se queja de un síntoma relacionado con la salud. Por ejemplo, pueden sentirse mareados o quejarse de que les cuesta respirar, o de un dolor de cabeza repentino. Esto no ocurre con frecuencia, pero cuando realmente les estás pidiendo a las personas que cambien su comportamiento, debes estar preparado para sorpresas de todo tipo. Sin embargo, no hay duda de que en el entorno laboral actual debes tomar muy en serio cualquier queja física, sobre todo si estás en un puesto directivo. Las consecuencias legales son tan delicadas que debes ofrecer asistencia médica en cuanto alguien mencione un problema físico. Aunque seguramente no se trata de nada grave, siempre existe la posibilidad de que lo sea. En cualquier caso, te estarás protegiendo de cualquier acción legal.

Hasta ahora hemos hablado de personas que se defienden contra tus intervenciones asertivas. Esta defensa puede tomar la forma de una agresión directa contra ti, un comportamiento subversivo a tus espaldas, o una actitud pasiva-agresiva. En el otro extremo del espectro, están las personas que no sólo parece que están de acuerdo contigo sino que no pueden parar de disculparse. Esto puede ser una forma muy efectiva de *jiu-jitsu* interpersonal. A no ser que sepas cómo manejar esta situación, dicho comportamiento puede resultar todo un reto. La mejor respuesta es manifestar con tranquilidad que las disculpas no son realmente necesarias (o al menos no más de una vez). Después insiste en que lo que ya has dicho es apropiado y justo.

Si tienes en mente estas respuestas tácticas, descubrirás que tu comportamiento asertivo comporta los mejores resultados posibles. Por supuesto, los demás pueden encontrarlo sorprendente o incluso chocante al principio, en especial si en el pasado no has destacado por ser una persona asertiva.

Existen numerosas razones por las cuales a algunas personas les resulta tan difícil aceptar el comportamiento asertivo. Aunque la situación está empezando a cambiar, las instituciones educativas han tendido a reforzar el comportamiento no asertivo. A menudo la asertividad se ha confundido con agresividad, asociándola así con comportamientos que podrían calificarse con justicia como antisociales o dañinos. La verdad es que si has recibido una educación convencional en los últimos cincuenta años, probablemente no has aprendido las habilidades y las respuestas que constituyen la asertividad genuina. Estos comportamientos pueden aprenderse y el esfuerzo vale mucho la pena.

A medida que se desarrollen tus habilidades asertivas, descubrirás que tienden a neutralizar la ansiedad que experimentan muchas personas en diversas situaciones profesionales. Al aprender, ensayar y poner en práctica las respuestas asertivas, descubrirás que todos los tipos de estrés se reducen de manera considerable. De hecho, aprender un comportamiento asertivo apropiado es una de las muchas formas en que se trata la ansiedad hoy día.

Por eso, aprender a ser más asertivo puede conducir en general a una mayor libertad emocional. Las personas que no son asertivas, sino pasivas, con frecuencia tienen dificultades para expresar libremente sus emociones hacia los demás, como la ternura y el afecto verdadero. Aprender a expresar un enojo y una ira justificados, y a afirmar los propios derechos de una forma firme y clara hace que sea más fácil relacionarse con los demás de forma amistosa.

Uno de los mayores beneficios que te reportará aprender a ser asertivo es el aumento de tu sentido de la libertad y de autorrespeto. Nadie debería estar sometido a la dominación, el capricho y la agresión de los demás. Sólo existe una forma de eliminar estas limitaciones: ser adecuadamente asertivo con cualquiera que intente dominarte o agobiarte, en especial en situaciones profesionales. Las personas deben ser libres para elegir sus acciones. Si no eres capaz de ser asertivo en una situación profesional, no eres libre. La información que te ofrecemos en los siguientes capítulos cambiará esta situación para siempre.

UNA PRÁCTICA PERFECTA TE HACE PERFECTO

Pocas personas son agresivas casi todo el tiempo y en todas las circunstancias. Del mismo modo, muy pocos individuos carecen totalmente de asertividad en todas las situaciones. Lo usual es que las personas se mantengan firmes en algunas circunstancias y sean no asertivas en otras. Tu tarea consiste en analizar los diversos escenarios y adquirir conciencia de cómo respondes en cada uno de ellos. Observa, pide consejo y directrices, y aprende formas alternativas de actuar. Una vez hayas aprendido la forma correcta de responder, puedes estar seguro de que una práctica perfecta conducirá a la perfección. Primero prueba tu nuevo enfoque, de pensamiento o mediante ejercicios escritos, y de forma gradual en situaciones de la vida real.

A medida que aprendas más sobre la asertividad, es importante que no te precipites al aplicar la progresión de los ejercicios en el lugar de trabajo. Tómate tu tiempo. Es posible que sientas la tentación de progresar con demasiada rapidez. Recuerda que habrá algunas subidas y bajadas en la curva de aprendizaje. Aunque las reacciones de los demás ante la asertividad son normalmente bastante positivas, ya hemos visto con anterioridad que algunas personas responden de una forma adversa. Recuerda los hechos básicos: tienes derecho a defender tu punto de vista y a afirmar tu individualidad. Por otro lado, no tienes que ser asertivo todo el tiempo ni en todas las circunstancias. El objetivo es tener el poder de afirmarte y ser libre para realizar esa elección.

En resumen, aquí van algunas preguntas que debes tener presentes y que te ayudarán a controlar tu asertividad. Cuando las leas por primera vez, es posible que quieras responder simplemente sí o no. Cuando las vuelvas a leer, intenta comparar tus progresos con cómo te sentías en el pasado. Después fija la meta de dónde quieres estar la próxima vez.

- ❏ Cuando no estás de acuerdo con alguien a quien respetas, ¿eres capaz de hacerte oír y compartir tu punto de vista?

- ❏ ¿Eres capaz de rechazar peticiones poco razonables de tus compañeros de trabajo e incluso de tus superiores?

❑ ¿Aceptas realmente las críticas positivas y las sugerencias?

❑ ¿Pides ayuda cuando la necesitas?

❑ ¿Confías siempre en tu propio juicio?

❑ Cuando alguien tiene una solución mejor para un
problema de la que tú has pensado, ¿la aceptas con
facilidad?

❑ ¿Expresas tus pensamientos, sentimientos y creencias
de una forma directa y honesta?

❑ ¿Intentas trabajar para llegar a soluciones en las que
todas las partes salgan ganando?

Si has respondido con un sí a la mayoría de estas preguntas, estás en el camino hacia un enfoque asertivo de tu vida
y de tu carrera. Los temas que tratamos en los capítulos siguientes te harán alcanzar con rapidez el siguiente nivel. Si
no has contestado que sí, ¡estás leyendo el libro adecuado!
Por favor, sigue leyendo. Obtendrás información muy necesaria y valiosa.

PASOS A SEGUIR

1. Dale Carnegie sugiere que siempre empieces haciendo

referencia a los errores que has cometido antes de criticar a los demás. ¿Eres capaz de hacerlo? Si no lo eres, ¿cómo puedes cambiar tu autopercepción con el fin de tener la confianza suficiente para admitir tus errores?

2. Reflexiona sobre tus habilidades de comunicación. ¿Siempre das órdenes a los demás, como lo opuesto a plantear preguntas? Si es así, ¿cuándo? ¿Qué pasos puedes dar para cambiar tu estilo de comunicación?

3. ¿Siempre sucumbes ante la intimidación? Si es así, ¿ante quién? ¿Qué pequeños pasos puedes dar para defender con mayor firmeza tus convicciones?

4. Elabora una lista con aquellas cosas que más valoras y respetas en ti mismo. Después elabora una lista con los rasgos que necesitas mejorar. Tómate tu tiempo para reconocer tus rasgos positivos. Tómate también tu tiempo para felicitarte por reconocer y trabajar en mejorar los que no te favorecen.

NOTAS DEL PLAN DE ACCIÓN

CAPÍTULO 3
Establecer una sintonía asertiva

En los dos capítulos anteriores hemos visto estrategias de comportamiento asertivo y cómo planificar y preparar encuentros en los que actuaras de forma asertiva. Después hablamos del acercamiento que debes adoptar ante otra persona o grupo. Ahora, y en el resto del libro, vamos a centrarnos en el uso de la asertividad para obtener resultados específicos en tus relaciones con otras personas. En este capítulo nos centraremos en la primera de las habilidades para tratar con los demás: establecer una sintonía asertiva. Veremos lo que se necesita para conectar con otra persona. Nos fijaremos en dos elementos en particular: la autoconfianza y la habilidad para construir una sintonía interpersonal.

ASERTIVIDAD Y AUTOCONFIANZA

Construir autoconfianza y asertividad probablemente es mucho más fácil de lo que piensas. La mayoría de las personas «no asertivas» no quieren transformarse en individuos excesivamente dominantes. Cuando la mayoría de la gente habla sobre ser más asertivos, lo que quieren decir realmente es:

- Ser más capaz de resistir la presión y el dominio de las personas agresivas.
- Tener la capacidad de defender tus creencias.
- Ser capaz de mantener el control en situaciones importantes.

La asertividad pura —el dominio por el simple hecho de dominar— no es un rasgo que resulte en general deseable. Un estilo personal agresivo y prepotente suele estar provocado por alguna inseguridad. La mayoría de las personas lo sabe y no es algo que admiren o quieran para ellas mismas. Aun así, cualquiera que busque aumentar su propia asertividad deberá comprender la personalidad típica y las motivaciones de las personas excesivamente dominantes, que suelen causar la mayor parte de las preocupaciones a las personas no asertivas.

También resulta esencial comprender la distinción entre liderazgo y dominio. El verdadero liderazgo es inclusivo y proactivo. No domina a las personas no asertivas. Las incorpora y las implica. El dominio como estilo de dirección es ineficaz en casi todas las circunstancias. Se basa en recompensas y resultados a corto plazo, y casi siempre en beneficio del líder dominante, y fracasa completamente en hacer un uso eficaz de lo que los miembros del equipo tienen que ofrecer.

Los bravucones son un tipo específico de personas dominantes. En su fuero interno son gente insegura. Dominan porque son demasiado inseguros para permitir que otras personas tengan responsabilidad e influencia, y este comportamiento viene condicionado normalmente desde la niñez por una u otra razón. El comportamiento bravucón dominante se ve reforzado por la respuesta que recibe de las personas «seguras» y «no asertivas» que son sus víctimas. El bravucón consigue sus propósitos. El comportamiento bravucón dominante es recompensado, y así sigue adelante.

En sus propios términos, la bravuconería funciona, al menos hasta que deja de hacerlo. Los bravucones se preocupan habitualmente de satisfacer su necesidad de conseguir sus propósitos, de controlar, de conseguir una posición, de manipular, de tomar decisiones, de construir imperios, de acumular símbolos materiales de éxito y riqueza, y, en especial, de establecer un grupo de seguidores que siempre digan sí a todo. Las experiencias de la niñez tienen habitualmente un papel importante en la formación de estos bravucones, que son tanto víctimas como agresores. Aunque sea una dura experiencia para los que son víctima de su comportamiento, en realidad los bravucones merecen nuestra compasión.

Normalmente, las personas no asertivas en realidad no aspiran a convertirse en personas excesivamente dominantes, y desde luego no es habitual que quieran convertirse en bravucones. Cuando la mayoría de la gente dice que quiere ser más asertiva, lo que quieren decir realmente es «Me gustaría ser capaz de resistir la presión y el dominio de personas abiertamente agresivas». Conseguirlo no es demasiado difícil y mediante el uso de técnicas sencillas incluso puede ser agradable y gratificante.

Las personas no asertivas deben comprender desde qué punto parten realmente. El comportamiento no asertivo es con frecuencia una señal de fuerza, no de debilidad, y esta es la alternativa más apropiada para muchas situaciones. No cometas el error de pensar que siempre tienes que ser más y más asertivo.

Comprende dónde quieres estar. ¿Qué nivel de asertividad quieres? Es muy probable que tu interés principal sea protegerte y defenderte a ti y a los demás, sin proyectar tu voluntad sobre el mundo.

A las personas que no son asertivas de forma natural les resulta perfectamente posible lograr un nivel aceptable de cambio con unas pocas técnicas sencillas, más que intentar transformarse en un tipo de persona fundamentalmente diferente. Aquí van algunas herramientas para desarrollar la autoconfianza y un comportamiento más asertivo.

Conoce los datos relacionados con la situación y tenlos presentes. Investiga un poco. La mayoría de las personas dominantes no se preparan; intentan dominar a través de las bravatas, la reputación y la fuerza de la personalidad. Si conoces y puedes presentar datos que apoyen o defiendan tu posición, es poco probable que el agresor tenga nada preparado en respuesta. Cuando sabes que se va a plantear una situación sobre la que quieres tener alguna influencia, prepara el terreno, investiga, haz números, reúne datos y cifras, solicita opiniones y puntos de vista, sé capaz de citar fuentes. Entonces podrás presentar un caso sólido y también mejorar exponencialmente tu reputación como alguien organizado, firme y apropiadamente asertivo.

Anticípate al comportamiento de los demás y prepara tus respuestas. Representa en tu cabeza cómo pueden ir las cosas. Prepara tus respuestas según los diferentes escenarios que crees que se pueden plantear. Identifica a las personas que pueden estar presentes para apoyarte y defenderte. Prepararte bien aumentará tu autoconfianza y te permitirá ser asertivo en lo que sea importante para ti.

Prepara preguntas efectivas que puedas formular. Plantear buenas preguntas es la forma más fiable de tomar la iniciativa. Las preguntas que más molestan a los individuos dominantes son las profundas, constructivas, incisivas y demostrativas, en especial si la cuestión expone la falta de reflexión, preparación, consideración o consulta por su parte. Por ejemplo:

- ¿Cuáles son los datos (que apoyan lo que has dicho o afirmado)?
- ¿A quién has consultado sobre esto?
- ¿Qué soluciones alternativas has considerado?
- ¿Cómo lo has evaluado (lo que has planteado como un problema)?
- ¿Cómo podrás medir la eficacia real de tu solución si la aplicas?
- ¿Qué puedes decir sobre soluciones diferentes que han funcionado en otras situaciones?

Y no permitas que te deje de lado. Mantente firme. Si evita la pregunta, vuélvela a plantear o formúlala con otras palabras.

Readapta tus reacciones ante la gente dominante. Intenta visualizarte comportándote con firmeza, armado con hechos y pruebas bien preparadas. Practica diciendo cosas como «Espera un momento…, tengo que pensar en lo que acabas de decir». También practica diciendo «No estoy seguro de eso. Es demasiado importante para tomar ahora una decisión precipitada». No temas que alguien pueda gritarte o montarte una escena.

Ten fe en que tus habilidades serán útiles si las utilizas. Las personas no asertivas son con frecuencia extremadamente fuertes en temas de procedimiento, detalle, seriedad, fiabilidad y trabajo cooperativo con otras personas. Todas estas capacidades tienen el potencial de deshacer a una personalidad dominante que no tenga una justificación apropiada. Reconoce tus puntos fuertes y utilízalos para defender y apoyar tu posición.

LA CLAVE ES ESTABLECER SINTONÍA

Desarrollar una sintonía personal no sólo hará que los tratos profesionales sean más divertidos, sino que también puede servir como base para interacciones mutuamente beneficiosas.

La *sintonía* no es necesariamente un concepto que utilicemos todos los días, pero lo hemos escogido con cuidado porque se refiere a algo muy específico que ocurre entre dos personas. Una definición de diccionario sería: «un lazo emocional o relación amistosa basada en una estima y confianza mutuas, y una sensación de que los deseos, las necesidades y las preocupaciones se comprenden por ambas partes».

Para empezar, vamos a fijarnos en cuatro palabras de la definición que acabas de leer. Esas palabras son *estima y confianza mutuas*. Palabras como estas no se aplican con frecuencia a los análisis de los éxitos profesionales o de las estrategias de negociación. Con mucha más frecuencia, estamos acostumbrados a hablar de poder o de intimidación. Puede que exista un lugar para esas cualidades en el mundo de los negocios, pero no entran en la categoría de habilidades sociales.

Algunos de los temas sobre el establecimiento de sintonía que vamos a ver en este capítulo pueden parecer obvios, pero presta atención. Te sorprendería la cantidad de personas que ponen obstáculos interpersonales sin ni siquiera darse cuenta.

Cuando entra una persona nueva en tu vida, ya sea a través de un encuentro casual o de una presentación formal, ¿cómo decides qué vas a decir y a hacer? En realidad, para muchas personas no se trata en absoluto de una decisión. Simplemente, se dejan llevar. Se presentan a una persona casi de la misma forma que lo han hecho con otra. Sus habilidades sociales en este aspecto son más una cuestión de costumbre que de cualquier otra cosa.

Cambiar esto es el primer paso para establecer una relación de comunicación asertiva. La asertividad es lo opuesto a la pasividad, y seguir haciendo lo que es cómodo puede ser una forma de pasividad. Así, cuando te presenten a una persona, no des nada por supuesto. Sé consciente de que el nuevo conocido puede que no sepa nada sobre ti y no deberías suponer que tú sabes algo sobre él. Resulta de capital importancia comprender que las personas tienen orígenes, contextos y sistemas de valores diversos. Por eso, frente a una persona nueva, cuídate de expresar opiniones personales muy fuertes, en especial si son de naturaleza negativa. Plantea preguntas abiertas, mírala a los ojos y escucha con atención. Sé positivo en todos los aspectos y haz un intento sincero por descubrir valores compartidos o intereses comunes. Demuestra que estás contento de conocer a ese individuo nuevo y estimulante. Y, lo más importante… ¡sonríe!

UNA SONRISA ABRE PUERTAS

El efecto positivo de mostrar una sonrisa en el rostro puede parecer obvio, pero sonreír es tan crucial para establecer una sintonía que es preciso que nos detengamos un momento en ello. Literalmente, desde el primer día de vida de una persona, ver una sonrisa en un rostro humano desencadena reacciones ampliamente positivas. Esto es algo que está impreso en nuestra conciencia. Es universal. Es eterno. ¡Así que, hazlo!

Puede que esto te sorprenda, pero como con otras formas de comportamiento asertivo, deberás practicar tu sonrisa. Así es, colócate delante de un espejo y mira qué aspecto tienes. Presta atención a tus ojos. ¿Son congruentes con tu sonrisa?

El hecho sorprendente de la sonrisa es el efecto que tendrá en ti, así como en la persona que tienes delante. Cuando los músculos de la cara se contraen en una sonrisa, esta experiencia se refleja en la producción de neurotransmisores en el cerebro. Parecer y actuar de forma alegre hará literalmente que te sientas feliz. Resulta incomparable la importancia de la sonrisa como vía para establecer una sintonía. Probablemente es la mejor acción individual que puedas emprender para conectar con los demás y para atraer a la gente. A la gente le gusta estar alrededor de personas felices y enérgicas.

Mientras le estás sonriendo a tu nuevo conocido, ¿por qué no intentas decir algo elogioso de una forma genuinamente natural? Hacerlo es todo un arte y, una vez más, será mejor que lo practiques. No tiene que ser nada personal. Si conoces a alguien en otra ciudad, puedes decir algo sobre lo bien que lo estás pasando allí. Si es el otro el que ha venido a tu ciudad, di algo que suene a bienvenida. Si estás saludando a un empleado nuevo en tu empresa, realiza un comentario sincero sobre lo contento que estás de tenerlo a bordo. Si te reúnes con alguien en su oficina, encuentra algo que elogiar en la pared o sobre el escritorio. Encontrarás algo adecuado que decir en cuanto estés realmente convencido de decir algo positivo sobre las otras personas.

CONTROLA EL VOLUMEN DE LA VOZ

Mientras haces eso, asegúrate de que él o ella pueden escucharte bien. En otras palabras, levanta la voz. No tienes que gritar, pero asegúrate de hablar con claridad y de articular las palabras. La verdad es que muchas personas hablan demasiado bajo y con muy poca energía o pasión en sus conversaciones de negocios. Existen numerosas razones para ello. Quizá no quieren que parezca que tienen una personalidad apabullante. Quizás hablar en voz baja les ayuda a tranquilizarse. Quizá creen que es una buena forma de evitar que se produzcan enfrentamientos. Todas estas idean son perfectamente razonables, pero ¿son elecciones reales o sólo son costumbres? Tu tono de voz normal es probablemente demasiado bajo. Puede que no tenga gran importancia en la mayoría de las situaciones, pero debes ser consciente de esta tendencia. Cuando lo necesites, debes estar dispuesto a cambiarla de forma asertiva.

Como persona asertiva, deberías saber cómo variar las características de tu voz para establecer una sintonía en diferentes situaciones. Debes prestar atención al volumen, al ritmo y a la inflexión. Una vez más, deben ser elecciones conscientes, no sólo comportamientos habituales.

También deberás prestar atención a lo que estás diciendo además de a cómo lo estás diciendo. El hecho es que la manera en que hablas determinará cómo te perciban. Lo que dices es con frecuencia un reflejo de lo bien que escuchas, y cómo lo dices se proyecta sobre tu imagen. La capacidad para expresarte de forma clara, poderosa, diplomática y con tacto es esencial para establecer una sintonía de forma asertiva.

SÉ ESPECÍFICO CUANDO PLANTEAS TUS IDEAS

Como una extensión de eso, no temas defender tus ideas aunque provoques desacuerdos con los demás. Sólo tienes que ser consciente de la diferencia entre discutir y ser asertivo. Las diferencias de opinión no son nada malo e incluso pueden ser saludables y positivas como experiencias para evolucionar, siempre que no se conviertan en un asunto personal. El objetivo del desacuerdo asertivo es encontrar soluciones a los problemas, soluciones en las que ambas partes puedan estar de acuerdo. Este tipo de escenario ganador permite establecer una sintonía mucho mejor que simplemente aceptando la opinión de otra persona o forzando a los demás a que estén de acuerdo contigo.

Cuando te pidan que des tu opinión, es una buena idea pensar con cuidado qué vas a decir y expresar tus comentarios de la forma más específica y constructiva posible. Esto hace que un elogio sea más genuino y evita que tu crítica pueda sonar como una censura general hacia el carácter de alguien. Por ejemplo, es mejor decir: «Quedé realmente impresionado por la forma en que trataste a ese cliente, atendiendo sus razones en vez de interrumpirlo» que decir: «Eres bastante bueno con la gente difícil». El segundo comentario es tan general que no proporciona un comentario específico sobre lo que se ha hecho bien. De la misma forma, «Al consultar nuestro plan de producción he visto que no has cumplido el plazo para entregar ese informe» es más efectivo que «Tu habilidad para gestionar el tiempo es terrible». Repito, la segunda afirmación es demasiado general, subjetiva y ataca a la persona.

Cualquier elogio o crítica siempre debe ir seguida de unas palabras sobre el razonamiento que sustenta tu comentario. Una buena regla para realizar críticas o comentarios constructivos sobre una persona es comprobar primero tus motivos y asegurarte de que no quieres ser manipulador. La gente necesita saber de dónde vienes, si esperas que estén motivados para la acción. Por ejemplo, después de decir «No has cumplido el plazo para la entrega del informe», puedes añadir: «Quizá porque has pasado más tiempo con las ventas telefónicas de lo que habíamos previsto. Veamos cómo puedes repartirte el tiempo en el futuro».

En cualquier caso, nunca utilices los comentarios positivos o negativos como una forma de manipular a la gente para que hagan algo por ti. No intentes nada como esto: «Eres el que trabaja más duro del departamento y realmente aprecio el esfuerzo que has realizado para la reunión de esta tarde. ¿Quizá podrías redactar el acta por mí?». Lo dejen entrever o no, los empleados descubren inmediatamente esta táctica. Debilita todo lo que hayas dicho hasta ese momento, y hace que todo lo que digas en el futuro sea mucho más difícil de creer.

CÓMO HABLAR DE LOS LOGROS PROPIOS

Ya que estamos tratando el tema de cómo establecer sintonía a través de lo que decimos sobre los demás, también deberíamos considerar la importancia de lo que decimos sobre nosotros mismos. Las personas asertivas saben cómo hablar bien de sí mismas sin parecer pretenciosas. Existen muchos enfoques efectivos para hacerlo. Una forma muy buena de hablar bien de uno mismo es, por ejemplo, hablando primero bien de los demás. Si alguien te dice que ha asistido a la Universidad de Michigan y tú comentas «Vaya, es una universidad muy buena», probablemente te preguntarán a cuál has ido tú. Entonces puedes contestar «¡Harvard!» o «¡Slippery Rock!» o cualquiera que sea el caso. De esta forma habrás conseguido un objetivo del establecimiento de sintonía. Has hecho que otra persona se sintiera bien y a cambio tú también has conseguido sentirte bien.

Cuando estés hablando de tus logros, resiste la tentación de embellecer o dramatizar los hechos. Subraya el trabajo duro y el esfuerzo que aplicaron los demás para ayudarte a conseguir tu objetivo. Si, en realidad, eres el que ha cerrado el gran negocio, te reconocerán el logro, aunque les des crédito a los demás. De hecho, ganarás confianza, credibilidad y respeto si compartes la gloria con los demás.

CULTIVANDO EL SILENCIO ASERTIVO

Aunque hemos dedicado mucho tiempo al tema de cómo hablar, también vamos a decir algo sobre el poder del silencio. El silencio puede ser una gran herramienta para establecer sintonía. Al igual que lo que dices puede ayudarte a desarrollar esa relación, lo que no dices también puede ser muy beneficioso. Las personas asertivas y confiadas lo saben.

Sin lugar a dudas, te has encontrado entre personas que parecen tener miedo al silencio. Es el temor a lo que podría ocurrir si cada segundo no está ocupado por una charla de algún tipo. También puede influir el hecho de no querer parecer antisocial o poco amistoso. Pero permanecer en silencio no es lo mismo que negarse a participar en la conversación. En especial en un ambiente profesional, el silencio no equivale a enfado o una cerrazón impulsiva. El silencio apropiado, el silencio asertivo, significa que has decidido conscientemente estar en silencio, escuchando con toda la atención, y tomando la decisión de no hablar hasta que no sepas cuál es el objetivo de hacerlo.

Hablando de la importancia del silencio, tu forma de vestir es una de las mejores formas de realizar una declaración sin palabras. Como en otras áreas, existe una diferencia entre parecer demasiado pasivo, parecer demasiado agresivo y vestir con la asertividad adecuada. Si te fundes con el ambiente profesional que te rodea vistiendo el atuendo apropiado, establecer sintonía suele ser mucho más fácil.

VIGILA LAS FILTRACIONES

Existe un concepto muy interesante que abarca todos los temas que hemos analizado en este capítulo: cómo hablas, cómo te vistes, si sonríes o tienes una expresión sombría en el rostro. Este concepto es algo a lo que los psicólogos se refieren como filtración. En términos de interacción humana, una filtración es un comportamiento que revela algo sobre una persona que dicha persona había intentado ocultar. Puede ser que intentaras dar la impresión de que estabas escuchando con atención lo que estaba diciendo la otra persona, pero si miras el reloj (y te descubren al hacerlo), estás filtrando el hecho de que estás impaciente por que se acabe la conversación. Un enfoque confiado y asertivo podría ser: «Lamento interrumpir nuestra cita, pero tengo otra reunión en unos minutos».

TRES ALTERNATIVAS

La forma en que una persona se comporta ante otra puede categorizarse de tres formas: pasiva, agresiva y asertiva. Y la elección es siempre tuya.

Si tienes tendencia a actuar de forma pasiva, entonces intentarás evitar el conflicto, con frecuencia a expensas de tus propias necesidades.

Si tienes tendencia a actuar de forma agresiva, es posible que te lances hacia el otro extremo e incrementes el conflicto en un intento (que no siempre tiene éxito) de conseguir tus necesidades.

La mayoría de las personas suelen estar de acuerdo en que habitualmente lo mejor es evitar ambos extremos, si se puede, y actuar de forma asertiva, que es lo mejor para expresar tus necesidades y deseos, sin ocultarlos, pero de una manera que resulte razonable y que también dé a los demás la oportunidad de comunicar sus deseos y sentimientos.

Si te encuentras en una relación o en una situación laboral en la que sientes que no se cumplen tus necesidades o que la otra persona actúa de una forma que no te gusta, entonces suele ser útil expresar tus sentimientos y pensamientos de forma asertiva, más que ocultarlos pasivamente o expresarlos de forma demasiado agresiva.

Aquí tienes algunos consejos para prepararte antes de involucrarte en una conversación, discusión o negociación con alguien en la que quieres que el otro actúe de forma diferente o te trate de otra manera.

1. Escribe por adelantado un guión de lo que pretendes decirle a la otra persona.
2. En el guión, describe la situación o el comportamiento que genera el problema y que te gustaría que cambiara la otra persona.
3. Al describir la situación, sé específico y da ejemplos de cuándo se ha producido dicho comportamiento.
4. Evita el uso de exageraciones o generalizaciones. Sé honesto y mantén tu descripción tan objetiva y sencilla como sea posible.
5. Expresa tus pensamientos y sentimientos sobre la situación, reconociéndolos como pensamientos y sentimientos propios en lugar de expresarlo como verdades generales.
6. Pide a la otra persona cambios razonables que ayu-

darán a que la situación mejore para ti.

7. Escucha lo que la otra persona tiene que decir en respuesta, sin que tengas que estar necesariamente de acuerdo.

8. Si se produce una situación en la que todos ganan, en la que un cambio en el comportamiento de la otra persona —o en el tuyo— los puede beneficiar a ambos, intenta explorar con él esa posibilidad.

9. Si no existe esa situación en la que todos ganan, entonces decide de antemano el resultado mínimo que necesitas. Prepárate para negociar una solución entre el mínimo y el máximo que te gustaría.

10. Céntrate en las áreas en las que puedas alcanzar un compromiso. Piensa en las sugerencias que podrías plantearle a la otra parte sobre qué te gustaría a cambio si tú aceptaras un compromiso en esos aspectos.

11. Ten claro en tu mente cuáles pueden ser las consecuencias y qué harás si la otra persona no acepta tu mínimo.

12. Si la persona tiene voluntad de cambiar su comportamiento hacia ti de forma constructiva, ¿hay algo que puedas ofrecerle razonablemente a cambio?

13. A la luz de tu relación con la otra parte y el conocimiento que tienes sobre ella, piensa por adelantado qué tipo de enfoque es más probable que facilite una respuesta positiva ante tu postura. ¿Puede ser de ayuda que te muestres animoso y constructivo y que favorezcas una búsqueda conjunta de soluciones? ¿O será más productivo si tomas las riendas desde el principio, dejando totalmente claro lo que quieres y cuáles se-

rán las consecuencias si no se cumplen tus deseos, o al menos si no se cumplen en su totalidad? El mejor tipo de enfoque puede variar en las diferentes situaciones.

14. ¿Cuándo, dónde y cómo quieres abordar un tema para tener mayores posibilidades de conseguir una respuesta constructiva de la otra parte? Por ejemplo, en muchos casos querrás plantear el tema en un momento en el que todo el mundo pueda prestar toda su atención a la discusión sin distracciones.

15. Aunque debes buscar el momento oportuno para plantear el tema, ¡no lo aplaces indefinidamente! El instante perfecto probablemente no se presente nunca. Si descubres que lo estás retrasando demasiado, selecciona una oportunidad específica para plantear la cuestión y ceñirte a tu decisión.

CONSTRUIR RESPETO ES ESENCIAL

Piensa ahora mismo en una persona en tu vida laboral con la que sientas que tienes una sintonía en su sentido más genuino. Puede ser un colega o un superior o alguien sobre el que tengas responsabilidades de dirección. Existen muchas razones para sentirte de esta forma. Hay multitud de cosas que te pueden gustar en esa persona, pero en un entorno profesional resulta muy difícil que te caiga bien alguien a menos que también lo respetes. Por esta razón, el respeto es un elemento esencial de la sintonía.

Como otros aspectos de la asertividad, el respeto depende de saber quién eres y en qué lugar de la organización te encuentras. No existe una respuesta que sirva para todo. Por ejemplo, hay libros que te dirán que en el trabajo nunca debes contestar a tus llamadas telefónicas y que hacerlo te hará parecer poco importante. En su lugar, debes tener una secretaria que te filtre las llamadas. De hecho, deberías tener una secretaria para hacer un montón de cosas, como organizar la agenda, revisar el correo, contestar el correo electrónico y redactar informes rutinarios. Otros libros dicen que las personas consiguen respeto contestando a las llamadas o respondiendo a los mensajes de correo electrónico. Construir el autorrespeto, al mismo tiempo que ganárselo, está directamente relacionado con el respeto hacia los demás. Debes saber lo que funciona mejor para ti, creer en ti mismo y sentirte cómodo con tu estilo personal.

LOS CUATRO PASOS PARA GANARSE EL RESPETO EN LOS NEGOCIOS

Para demostrar que eres una persona respetable, debes ser asertivo y aplicar los siguientes pasos. Son especialmente importantes cuando te encuentras en las fases iniciales o intermedias de tu carrera.

Primero, mantén una agenda ocupada. La mayor parte de las personas triunfadoras e influyentes están ocupadas, es decir, implicadas en muchos proyectos, tienen muchos contactos y siempre están creando redes. Como persona de credibilidad y respeto, debería ser raro que estuvieras desocupado. Cuando encuentras algo que te apasiona, sentirse implicado y ocupado llega de forma natural.

Segundo, demuestra que eres una persona respetable colocándote en entornos importantes. Haz un esfuerzo para asistir a una serie selecta de eventos y actos de alto nivel. A las personas que saben cómo establecer sintonía les gusta de forma natural estar rodeadas de gente. Les gusta ver y ser vistos. Les gusta crear redes de contactos, disfrutan estando en el meollo. Una cosa es segura: no vas a establecer ninguna sintonía si no hay nadie alrededor para hacerlo. Por eso, relaciónate dentro de tu comunidad profesional.

Tercero, haz un esfuerzo para pasar tiempo en compañía de personas de éxito y bien vistas. Pon en ellos un interés sincero a nivel personal y profesional, y aprende de ellos todo lo que puedas. Esto te puede ayudar a alcanzar el siguiente nivel, así como dejar una impresión duradera en los demás. A quién conoces dice mucho sobre quién eres. Cuando aprendas a establecer sintonía con individuos triunfadores, te sorprenderá la cantidad de personas que querrán establecer una relación similar contigo.

Por último, reflexiona detenidamente sobre tu espacio de trabajo y su aspecto. Es importante tener un despacho limpio, no sólo por las apariencias, sino porque te ayudará a hacer más. Con respecto a los muebles y accesorios de oficina, convierte el «menos es más» en tu lema. De hecho, con la introducción de las nuevas tecnologías de la comunicación, se puede argumentar que la importancia de tener una oficina ha disminuido de forma radical. Tom Peters, uno de los autores de empresa más influyentes de los últimos cincuenta años, aconseja a los directivos que pasen el menor tiempo posible en su oficina. Como deja claro Peters, la forma de establecer sintonía es paseando por ahí y hablando con la gente. Pregúntate cuál es la actitud más asertiva que puedes adoptar respecto a tu oficina.

Como puedes ver, hay muchas cosas que se deben saber sobre cómo establecer sintonía. Algunas personas tienen este talento de forma natural, mientras que otras lo aprenden mediante el método de prueba y error. A algunos, dominar el proceso les puede llevar años. Como persona asertiva, por supuesto, no puedes esperar tanto tiempo. En el capítulo siguiente veremos algunos ejercicios que mejorarán tus dotes para establecer una sintonía en el menor tiempo posible.

PASOS A SEGUIR

1. La descripción ideal de tus relaciones profesionales podría ser «estima y confianza mutuas». Elabora una lista de todas las relaciones significativas en tu vida profesional. ¿Cuáles entran dentro de esa categoría? Y lo que es más significativo, ¿cuáles no? ¿Qué pasos puedes dar para cambiar dichas relaciones de manera que reflejen una comunicación y una comprensión mejores?

2. ¿Hasta qué punto hablas bien de tus propios logros? ¿Sientes vergüenza al hablar abiertamente de ti mismo? ¿Tiendes a exagerar tus logros? Pruébate a ti mismo pidiéndole a un amigo que te escuche mientras analizas aquellas cosas de las que te sientes más orgulloso. Después pídele a tu amigo que te diga sinceramente su opinión. Pregúntale si parecías demasiado avergonzado. ¿Demasiado hablador? Pregúntale cómo podrías mejorar esa habilidad. Después sigue la práctica elaborando una lista de tus logros de una forma

que demuestre tu confianza en ti mismo.

3. Muchas personas se sienten incómodas con el silencio. ¿Te pasa a ti? Si es así, la próxima vez que intervengas en una conversación, toma nota de los momentos de silencio. Intenta alargarlos y sentirte cómodo en ellos. Repite este ejercicio con frecuencia hasta que te sientas más cómodo con el silencio. Apunta cualquier reflexión que realices al practicar este ejercicio.

4. Los cuatro pasos para ganarse el respeto en el mundo de los negocios son:

a. Tener una agenda ocupada.
b. Aparecer en acontecimientos importantes.
c. Pasar tiempo en compañía de personas de éxito y bien vistas.
d. Tener un espacio de trabajo limpio.

5. ¿Has seguido los anteriores cuatro pasos? ¿Cuál de ellos tienes que seguir trabajando? ¿Cuándo y cómo puedes empezar a mejorar esa área de tu vida? Redacta un plan de acción. El respeto es clave. Elabora una lista de todos los atributos que más respetas en ti mismo. Después crea una lista con aquellos que necesitas mejorar y desarrolla un plan de acción. Ahora piensa en alguien a quien respetes. Tómate un poco de tiempo para elaborar una lista de los atributos que respetas en él o en ellos. Después céntrate en esas características, y toma nota de cualquier cambio que hayas experimentado cuando entras en contacto con ellos después de hacerlo.

NOTAS DEL PLAN DE ACCIÓN

*Otorga a la otra persona una buena reputación para que
pueda mostrarse a su altura.*

Dale Carnegie

CAPÍTULO 4
Tácticas para establecer una sintonía asertiva

En este capítulo seguiremos explorando cómo establecer
sintonía poniendo el énfasis en ejercicios que puedes practicar solo, así como tácticas que puedes aplicar con las personas con las que te relacionas cada día en tu entorno laboral.

Expongamos ante todo un dato muy importante. La mayoría de las personas no asertivas son tímidas por naturaleza.
Algunas son moderadamente tímidas y otras son extremadamente tímidas. Pero si la asertividad es una meta a alcanzar en
tu vida, existen muchas posibilidades de que no seas grega-
rio por naturaleza, ni persona del estilo *viva la vida*. Y no hay
nada malo en ello. Sólo significa que debes ser consciente de
tu estilo personal. Debes equilibrar tu tendencia natural con
algo más, algo que es posible que no sea tan natural pero que
puede resultarte muy beneficioso en tu vida y en tu carrera.

Incluso si eres alguien retraído y solitario, existen personas con las que descubrirás que resulta fácil establecer una
sintonía. De hecho, es muy probable que existan muchísimas
personas así, sin importar cómo seas tú como individuo. Las

dificultades se presentan cuando necesitas establecer sintonía con personas que son muy diferentes de ti. Con frecuencia son personas cuyos intereses y circunstancias son muy distintos a los tuyos. Personas que piensan, hablan y escuchan de forma diferente a como lo haces tú.

Puedes dar por sentado que vas a conocer a un montón de personalidades diversas en tu vida laboral. Cuanto más subas en una organización, más diversas serán las personalidades que encontrarás. Si pretendes labrarte una carrera que sea a la vez exitosa y agradable, puedes y debes aprender a establecer sintonía con personalidades que en otras circunstancias te habrían resultado incómodas, por no decir que te habrían sacado totalmente de quicio. En las próximas páginas analizaremos los tipos de personalidad que es más probable que te encuentres. Después desarrollaremos algunas herramientas y tácticas para asegurarnos de que esos encuentros den el mejor resultado posible.

CUATRO TIPOS DE PERSONALIDADES DIFÍCILES

Desde la antigüedad, los seres humanos se han clasificado según ciertos temperamentos básicos o tipos de personalidad. Los Cuatro Temperamentos, también conocidos como los Cuatro Humores, posiblemente sean el más antiguo de todos los sistemas de perfiles de personalidad, aunque estos principios siguen siendo muy útiles y precisos en la actualidad. Se pueden rastrear hasta las doctrinas de las culturas egipcia y babilónica, en las que la salud psíquica y emocional estaba conectada con los elementos: fuego, agua, tierra y aire. Estas ideas fueron pulidas por los antiguos griegos, y dominaron el pensamiento occidental sobre el comportamiento humano y el tratamiento médico durante más de dos mil años. El desequilibrio entre los «humores» se expresaba a través de diversos comportamientos y enfermedades. Los tratamientos se basaban en recuperar el equilibrio.

De acuerdo con estos principios antiguos, ahora vamos a ver cuatro categorías diferentes de personas; cuatro tipos de personalidades difíciles que pueden plantear un reto al intentar establecer una relación de comunicación. Aunque no reflejan todos los tipos de personalidad que puedes encontrarte en el trabajo, cada una de ellas presenta rasgos específicos respecto al establecimiento de una relación. Verás que algunos son más fáciles de manejar que otros, dependiendo de cómo sea tu propia personalidad. De hecho, aquí van un par de preguntas que deberías plantearte a lo largo de este repaso:

- ¿Cuál de estas categorías se parece más a mí?
- ¿Qué retos les planteo yo a las personas que intentan establecer una sintonía conmigo?
- Más importante aún, mientras estoy intentando encontrar vías más fáciles para relacionarme con otras personas, ¿qué puedo hacer para que sea más fácil relacionarse conmigo?

El desafiador

El primer tipo de personalidad que vamos a analizar es el tipo de personas que con frecuencia se describen como jugadores duros, actores principales, grandes conseguidores, o conceptos que transmiten la misma idea. Nosotros los llamamos «desafiadores ». Ellos ven sus relaciones profesionales como una jerarquía en la que están decididos a llegar a la cima. Aunque no hayan alcanzado aún la meta, hacen todo lo que pueden para situarse por encima de ti en la escala corporativa.

Sin importar el género, existen personas que ven la vida como un juego de competición extrema, como un duelo: para que yo gane, tú tienes que perder. Cada reunión, cada llamada, cada e-mail, cada paquete de mensajería es otra oportunidad para el dominio y la intimidación.

No es fácil establecer sintonía con esta personalidad en ninguna circunstancia, y resulta especialmente difícil cuando te encuentras a su mismo nivel o por debajo de ella en la jerarquía corporativa. Pero ese tipo de personas es tan común entre los directivos de alto nivel que, simplemente, tienes que aprender a vivir con ellos. ¿Qué hay que hacer?

Primero, darse cuenta de que los modelos de conducta del desafiador se basan en necesidades del ego. Algunas de estas personas creen en su fuero interno que en realidad son inferiores a todos los que las rodean, mientras que otras están verdaderamente convencidas de su propia superioridad. En realidad no importa. Tu tarea principal es encontrar la manera de servir a las necesidades de su ego. Cuando lo hagas correctamente, se sentirán tan gratificados por lo que hayas hecho que se volverán sorprendentemente complacientes. En definitiva, les caerás bien. Apreciarán el hecho de que veas el mundo como realmente debería ser: con ellos en la cima. Una vez hayas establecido una relación de este tipo, te sorprenderás de lo amistosa que puede llegar a ser una persona desafiadora.

Esto suena bastante sencillo, pero la parte dura en el trato con el ego enorme de un desafiador es mantener las necesidades de tu propio ego fuera del encuentro. Para ver cómo funciona esto, considera el ejemplo siguiente:

Randall es el propietario de una empresa que proporciona suministros para la construcción a clientes de todo el mundo. No es un negocio glamuroso, pero ha tenido mucho éxito a lo largo de los años. Randall es el tipo de jefe que mantiene un perfil muy bajo. En lugar de pasar el tiempo en el club de golf o tomarse dos horas para comer, le gusta sumergirse en los detalles del negocio. Uno de los vicepresidentes de Randall es un hombre llamado Ben, que es un tipo de persona muy diferente de Randall. A Ben le gusta el poder y el prestigio que se deriva de ocupar un alto puesto en una empresa de éxito. Le gusta ir de restaurantes, a torneos de golf y a actos del sector que Randall evita. Randall se siente bastante cómodo con la situación. A él le gusta permanecer alejado de la luz pública, pero también sabe ver la importancia de tener a alguien como Ben, que hace que la empresa esté presente en el mundo.

Un día ocurrió algo muy sorprendente. Un amigo íntimo de Randall lo llevó aparte y le reveló que Ben se estaba presentando como el director general de la compañía. En realidad no utilizaba esas palabras, pero en los actos sociales Ben conseguía transmitir la idea que él era el gran jefe. Cuando Randall escuchó esto, le dio las gracias a su amigo por la información y le dijo que hablaría con Ben sobre el tema.

Aunque Randall estaba sorprendido de que Ben presentase de forma errónea su papel en la empresa, mientras más lo pensaba, menos sorprendido estaba. Ben, después de todo, era una persona que necesitaba sentirse líder de la manada. En realidad, no podía funcionar si no se sentía de esa forma. Y como realizaba una labor valiosa, seguramente habría que dejarle algún espacio a las necesidades del ego de Ben. Como esas necesidades no iban a desaparecer, la única alternativa que quedaba sería despedirlo.

Esa misma tarde Randall le pidió a Ben que fuera a su despacho. Después de un poco de charla intrascendente, Randall le transmitió el rumor que le había explicado su amigo. «Acabo de oír algo realmente extraño –comentó Randall–. Si he entendido bien, le estás explicando a la gente que eres el jefe de la compañía, que en realidad ocupas mi puesto.»

En cuanto las palabras salieron de labios de Randall, Ben se empezó a envarar. Lo habían descubierto y lo sabía. Estaba a la defensiva, que no era una posición en la que le gustara estar. Randall tuvo que admitir que sintió una cierta satisfacción en frenar un poco a su desafiador. Al mismo tiempo, sin embargo, Randall había decidido no implicar su ego en esta confrontación. Quería que Ben dejara de mentir sobre su cargo, pero también quería mantener a Ben en la empresa por el bien de la compañía.

Mientras Ben estaba sentado avergonzado, Randall dijo algo que Ben no se esperaba. «En realidad no estoy sorprendido por lo que has estado haciendo –dijo Randall–, porque, después de todo, hay una buena parte de verdad en ello. Ambos sabemos que has contribuido poderosamente al trabajo que hacemos. De hecho, tus esfuerzos son el origen de buena parte de nuestro éxito.»

Mientras Ben intentaba decidir qué decir, Randall prosiguió. «El problema es, Ben, que creas mucha confusión cuando hablas de esa forma, aunque contenga una parte de verdad. También me causa una cierta cantidad de dolor. Así que me gustaría pedirte que acabaras con ello, por mi bien y por el bien de la empresa. Ambos sabemos lo valioso que eres y eso es lo que importa realmente. ¿Comprendes lo que intento decir?»

En realidad, Ben aún no estaba seguro de si comprendía lo que estaba diciendo Randall, pero en el fondo no importaba. Por un lado, estaba extraordinariamente agradecido de que no lo hubieran despedido. Por otro lado, su ego estaba dispuesto a creer que lo que había dicho Randall era verdad. En cualquier caso, a partir de ese instante Ben decidió mantener la boca cerrada sobre quién hacía qué en la empresa. Decir que sentía que había establecido una sintonía con Randall sería expresarlo de forma demasiado suave. Se sentía tremendamente agradecido a Randall, y también le tenía un poco de miedo de una forma que no había experimentado antes.

Como regla general, lo que el desafiador quiere por encima de todo es reconocimiento por sus talentos y contribuciones. Una vez más, este deseo se puede fundamentar en la inseguridad, o puede proceder de un egotismo genuino. No es necesario que lo averigües. Eres una persona de negocios, no un psicoanalista. No entres en una lucha de poder con un desafiador. Si está haciendo una contribución real a tu empresa, díselo. Sin lugar a dudas, esa es la mejor forma de establecer una relación con este tipo de personas que se mueven por el ego.

Una vez dicho esto, también tenemos que enfrentarnos al hecho de que a veces los desafiadores no te dejan más elección que despedirlos, y tienes que ser capaz de hacerlo, o te comerán vivo. Desde un punto de vista histórico, uno de los grandes desafiadores del siglo xx fue el general George S. Patton. Al principio de la Segunda Guerra Mundial, realizó un gran trabajo al mando de las tropas en el norte de África y en Sicilia. De hecho, lo hizo tan bien que empezó a actuar más como un rey que como un general. Mientras tanto, estaban en marcha los planes para la invasión de Normandía en junio de 1944. El general Dwight Eisenhower se dio cuenta de que no podía confiar en que Patton colaborase en una gran operación de ese tipo, de manera que Eisenhower simplemente excluyó a Patton de la invasión. En un acto que requería una gran cantidad de liderazgo y valor, dejó claramente de lado a Patton, que, como resultado, se sintió enojado y humillado. Pero Eisenhower comprendía tanto las fortalezas como las debilidades de la personalidad desafiadora. Una vez se produjo la invasión, comenzó inmediatamente a reconstruir las relaciones con Patton y rápidamente le ofreció el mando de un gran contingente de tropas en el continente. Patton seguía enfadado, pero no se pudo resistir al caramelo que le estaban ofreciendo. Esto es lo que ocurre siempre con un desafiador. Tienes que hacer que se sienta importante, o en caso contrario tienes que encerrarlo en la perrera durante un rato.

El agente secreto

El tipo de personalidad opuesta al desafiador no es la que podrías esperar. No es alguien con una autoestima baja que se esconde en un cubículo en alguna parte. No, lo opuesto al desafiador es una personalidad que podemos llamar el agente secreto. El agente secreto comparte una parte de las mismas necesidades del ego que tiene el desafiador, pero resulta mucho menos obvio. Este es un tipo de persona que quiere ascender pero quiere hacerlo de una forma muy secreta. Los agentes secretos son políticamente muy astutos dentro del ambiente corporativo. Son muy territoriales. Para ganarte su confianza tienes que dejarles muy claro que no vas a empequeñecerlos de ninguna manera. En esto se diferencian del desafiador, que quiere directamente elogios y reconocimientos. Al agente secreto no tienes que darle nada positivo, pero tienes que asegurarle que no tienes nada negativo en mente. Para los agentes secretos, algo negativo significa cualquier cosa que pueda invadir su territorio.

Cuando hemos hablado de Ben, el desafiador, hemos visto cómo las dificultades surgían de la costumbre de Ben de hablar demasiado, o si no de hablar demasiado, desde luego de decir las cosas erróneas. Es raro que un agente secreto se comporte de esta manera. El problema con los agentes secretos es que no hablan lo suficiente. No te dicen lo que necesitas saber. Su tendencia natural es retener información de manera que la posesión de la misma pueda maximizar su propia sensación de autoimportancia.

En consecuencia, el objetivo del establecimiento de una sintonía con un agente secreto es sacarlos a la luz; crear la suficiente confianza para que emerjan de su secretismo habitual. El mejor enfoque que se puede adoptar con un agente secreto es plantear todas las preguntas que sean posibles. Al mismo tiempo, debes dejar claro que no tienes intenciones ocultas para la información que esperas recibir. No tienes intención de utilizarla para expandir tu propia influencia dentro de la corporación, y desde luego no tienes deseos de empequeñecer al agente secreto de ninguna manera.

Es muy raro que los agentes secretos alcancen los niveles más altos del liderazgo. Estos puestos los ocupan normalmente los desafiadores. Sin embargo, la verdad es que los agentes secretos en realidad no quieren ser los líderes oficiales. Quieren tener sus feudos privados en los que puedan ejercer el poder absoluto sin sentirse bajo los focos. Así que no es necesario que mantengas escondidas tus propias ambiciones cuando hablas con un agente secreto. Al contrario: deja que el agente secreto sepa que apuntas hacia lo más alto, y deja también que el agente secreto sepa que esperas que él o ella sea un poder importante detrás del trono.

La hormiguita

Hasta ahora hemos analizado la manera de establecer sintonía con lo que podemos llamar personalidades «difíciles». Con el desafiador y el agente secreto, está claro desde el principio que debes realizar ajustes en tu propio estilo de personalidad. Para establecer relaciones con estas personas, debes comprender sus necesidades y aprender a satisfacerlas. Sin embargo, existe otro tipo de persona: la hormiguita. Estos tipos de personalidad parecen tan amables, tan complacientes, tan ansiosos por agradar, que para tratar con ellos necesitas un conjunto de habilidades completamente diferente.

Habitualmente las hormiguitas son nuevas en la empresa. Están deseosos de absorber la cultura de la compañía, salir a comer con todo el mundo, trabajar duro y destacar. Si llevas algún tiempo en la empresa, descubrirás que la hormiguita te contempla con una admiración sin disimulo. La pregunta es: ¿cómo vas a responder a eso? Puedes no tomártelo demasiado en serio, puedes estar perplejo, o puedes intentar aprovecharte de alguna manera de la hormiguita. Sin embargo, desde el punto de vista del establecimiento de sintonía, lo mejor es reconocer los puntos fuertes de la hormiguita y también sus debilidades. De hecho, son personas que tienen muchos puntos fuertes. Tienen un montón de energía, normalmente son muy inteligentes, y se sumergen totalmente en el objetivo colectivo de la empresa.

Hay algo de lo que vale la pena tomar buena nota cuando se trata con una hormiguita: nadie, o casi nadie, es una hormiguita para siempre. Tienes que saberlo, no sólo por el bien de la empresa, sino también por tu propio interés. La clave está en que si las tratas de forma descuidada, las hormiguitas altamente energéticas pueden derrumbarse con facilidad. Pueden pasar de ser extremadamente útiles y eficientes a ser prácticamente disfuncionales. Pueden pasar de sentirse estimuladas e ingenuamente confiadas a sentirse heridas, deprimidas y casi paralizadas. Todo depende de lo bien que los comprendas y de lo bien que pongas en práctica esa comprensión.

En los últimos años han ocurrido numerosos casos de periodistas de algunos periódicos importantes que han tenido problemas por fabricar o plagiar historias. Uno de los casos más flagrantes fue el de un joven reportero del *New York Times* que parecía que había sido la clásica hormiguita. Dentro de la cultura altamente competitiva de la redacción, se presentaba como alguien con el deseo y la capacidad de trabajar el doble de duro que todos los demás. Era el primero todas las mañanas y el último en irse por las noches. De hecho, había muchas noches en las que ni siquiera se iba. Vivía literalmente en su puesto de trabajo, tecleando su computadora.

¿Cómo respondieron sus superiores ante esta hormiguita? Básicamente se tomaron su comportamiento al pie de la letra. Él se presentaba a sí mismo como alguien que estaba dispuesto a realizar cualquier trabajo, no importaba la cantidad de esfuerzo que implicase y no importaba lo descabellado que pudiera parecer el plazo de entrega. Los editores principales se limitaron a encogerse de hombros y le dieron más trabajo y más plazos imposibles. Pensaron que si eso era lo que quería, se lo darían. Parecía ser un joven Supermán.

Retrospectivamente, sin duda esos editores pueden ver con exactitud lo que estaba ocurriendo. Si la joven hormiguita llegaba una y otra vez a plazos de entrega imposibles, sólo podía estar pasando una de dos cosas. O los plazos no eran realmente imposibles, o debía de estar pasando algo raro. Por supuesto, la segunda de estas opciones resultó cierta. La hormiguita estaba cubriendo historias para el *New York Times* por todo el país, pero nunca abandonó la ciudad de Nueva York. De hecho, a veces ni siquiera había salido del edificio del *New York Times*. Su ansia por complacer se había transformado en un comportamiento que subvertía la integridad de toda la compañía. Es más, ahora sentía que lo estaban explotando, aunque había sido él el que había pedido más trabajo. Todo ese entusiasmo se había transformado en ira. En su mente, su comportamiento poco ético se veía justificado porque le habían dado una carga de trabajo poco realista.

Aquí se puede encontrar una lección para establecer una sintonía con personalidades hormiguita. Como no son capaces de pisar el freno por sí mismos, tienes que ayudarles a hacerlo. Sobre todo, no asumas que saben lo que están haciendo. Desde luego, no es el caso. No dejes que se quemen, porque si ocurre pueden hacerse mucho daño a sí mismos, y quizá también a ti. Para establecer relaciones con una hormiguita hay que ayudarles a contener el ritmo. Al principio pueden sentirse mal. Pueden tener la sensación de que intentas frenarlos o que intentas dejarlos en segundo plano. Incluso pueden creer que estás celoso de su talento y energía. Desgraciadamente, si los dejas correr, es inevitable que se quemen, y eso es malo para todos.

El quemado

El individuo quemado es otro tipo de persona que se encuentra con mucha frecuencia en un entorno empresarial. Es más, vas a necesitar una serie especial de habilidades sociales para establecer una sintonía con ellos. Puede costar un poco, pero normalmente vale la pena hacerlo. Muy a menudo estos individuos aparentemente deprimidos tienen algunos conocimientos y habilidades valiosas. Como mínimo, te pueden proporcionar información interna sobre la cultura corporativa, lo que es especialmente importante si eres un recién llegado. En el mejor de los casos, es posible que recuperen un poco de energía y que aporten contribuciones reales. Todo depende de si eres capaz de rehabilitar a alguien que en mayor o menor medida se ha rendido y se ha dejado llevar.

Cuando tratas con alguien que ha perdido el entusiasmo y que sólo está a verlas venir, mantén las críticas al mínimo. De hecho, este es un caso en que debes excluir la crítica completamente de tu repertorio para establecer relaciones. ¿Por qué no deberías criticar a alguien que obviamente sólo se esfuerza a medio gas? Porque están acostumbrados a las críticas, es lo que esperan, e incluso lo que desean.

Si los criticas, ¡estarán de acuerdo contigo! Es posible que no lo digan en voz alta, pero en su interior estás expresando el problema con el que se topan constantemente. Esa es su zona de comodidad y tienen que salir de esa zona antes de que puedan ser de ayuda para nadie. Así que sé un apoyo. Expresa agradecimiento. Dales unas palmaditas en la espalda. Encuentra una razón para decir algo bueno, y después repítelo.

El mejor regalo que puedes hacerle a alguien que está quemado en una empresa es el regalo de la esperanza. No esperes a que hagan algo bien. No hagas que el regalo dependa de algún objetivo o actuación. Dáselo ahora mismo. Esto es algo que mucha gente no comprende al trabajar con personas. No se trata de decir: «Esto es lo que quiero que hagas, y esto es lo que obtendrás si lo haces». En lugar de eso, se trata de recompensar incluso la más leve acción positiva de forma inmediata. Al hacerlo, empujas a la persona hacia el comportamiento que quieres. Creas motivación e ímpetu. Consigues que se muevan por su propia sensación de poder.

Si formas parte de un entorno corporativo, te garantizo que en este momento hay al menos tres o cuatro personas que están dentro de la categoría de empleados quemados. Si piensas en ello por un momento, estoy seguro de que puedes ponerles nombre ahora mismo. No importa en qué nivel se encuentren. No importa su nivel, el tipo de personalidad básico es el mismo. Han perdido la esperanza. Sólo pasan a través de las tareas. Han naufragado en la playa y la marea no les va a alcanzar.

Piensa en un par de estas personas que se encuentran en tu lugar de trabajo en este mismo instante. Sabes quienes son. Una vez lo hayas hecho, prueba este experimento. Se trata de un experimento para establecer sintonía y de habilidades sociales, pero es mucho más que eso. Es un experimento sobre ti, sobre si eres una buena persona.

Descubre algo que puedas decirles a esas dos o tres personas y que pueda animarles, reforzarles y básicamente devolverles las esperanzas. Mira lo que están haciendo ahora mismo y encuentra algo bueno que decir sobre ello. No lo hagas una vez, sino muchas veces. No tienes que dar este refuerzo cada hora, cada día o ni siquiera cada semana, pero hazlo al menos tres veces en el período de un mes más o menos. Presta mucha atención a los resultados. Descubrirás qué diferencias provocan esos ánimos, tal como hizo Dale Carnegie. Más importante aún, te empezarás a dar cuenta del impacto positivo que pueden tener en todos unas buenas habilidades sociales. Esto es algo más que establecer una sintonía. Esto es construir el éxito en el sentido más auténtico de la palabra.

PREGUNTAS A TENER EN MENTE

Establecer sintonía con otros seres humanos, ya sean personas difíciles o no, no se diferencia de cualquier otra empresa.

Es necesaria una cierta planificación y previsión. Plantéate estas preguntas mientras consideras cómo establecer sintonía con las personas en tu vida.

¿Qué quieres conseguir? Resulta esencial tener claras las metas. Esto es fundamental en todas las áreas, ya sea para impulsar tu carrera o para desarrollar buenas relaciones con las personas en tu vida. ¿Cuál es el escenario que pretendes establecer? ¿Cuál es el resultado que quieres conseguir? Es importante reflexionar claramente sobre esto, y más importante incluso es emprender acciones positivas basándote en tus reflexiones. Demasiado a menudo, la gente se centra en lo que desea evitar en lugar de en lo que quiere conseguir. Una habilidad clave para tratar con las personas es la capacidad de avanzar hacia un destino identificado, más que escapar simplemente de una situación no deseada. El destino tiene que ser dónde quieres llegar. Este es tu propósito y tu meta. Lo que quieres es mucho más importante que lo que no quieres. Siguiendo esta línea, asegúrate de que tu deseo se expresa en términos positivos. No digas: «Quiero evitar un empleo de nueve a cinco». En su lugar, exprésalo de forma positiva y proactiva: «Quiero ser mi propio jefe y establecer mi horario».

¿Cómo vas a evaluar tu progreso? El cambio es la única constante en el mundo. De minuto en minuto, nada es lo mismo desde el punto de vista físico, emocional e incluso espiritual. Sea lo que sea lo que pretendas, necesitas comprobar continuamente el resultado de tus acciones para ver si vas o no por el buen camino. Si algo no funciona, es de sentido común intentar algo diferente hasta que consigas el resultado que quieres. ¿Qué pruebas puedes aportar para demostrar que te estás moviendo hacia tus metas en tus relaciones

con otras personas? En ausencia de evidencias tangibles, no hay forma de medir el progreso hacia el logro del objetivo. ¿Tienes más conocidos a los que realmente puedas llamar amigos? ¿Tu teléfono suena con más frecuencia que antes? ¿Pasas menos tiempo solo y más tiempo con otras personas? Estos son cambios específicos y verificables. Son pruebas reales de progreso, no sólo sensaciones.

¿Cómo puedes ajustar tus acciones a tus evaluaciones? Cuando cambias tu comportamiento, debes hacerlo con cuidado. Asume toda la responsabilidad por tus acciones y por sus resultados. No puedes depender de nadie más para cambiar. Todo lo que puedes hacer es cambiar tus pensamientos y comportamientos. Después debes observar y responder a los resultados, que pueden manifestarse en la manera en que cambian también los comportamientos de los demás.

¿Qué puedes hacer ahora mismo para empezar? Una vez conozcas el resultado deseado estarás motivado para avanzar hacia él. Si sabes que tu comportamiento actual no está obteniendo los resultados que deseas en tus relaciones interpersonales, necesitas hacer algo más. Más aún, debes estar dispuesto a seguir cambiando y ajustando tus acciones hasta que haya pruebas de que te estás acercando a tu meta. Respecto a emprender cualquier acción, la frase clave es: *¡Hazlo ahora!*

Los resultados son lo que importa. Cada interacción con otra persona tiene dos componentes. El primer elemento es lo que pretendes comunicar. El segundo elemento –que es mucho más importante– es lo que realmente percibe la otra persona. A veces estos dos elementos son el mismo, pero, desgraciadamente, con frecuencia no es ese el caso.

La gente supone a menudo que una vez «han soltado el discurso», han terminado el trabajo. Asumen que se ha recibido su mensaje. Esperan haber sido comprendidos y aceptados; y si no lo han sido suelen echarle las culpas a la otra parte. Sin embargo, en términos de habilidades efectivas para tratar con las personas, cuando terminas de hablar tu labor como comunicador sólo está empezando. Debes determinar hasta qué punto tus palabras no sólo han sido oídas, sino también comprendidas. Para hacerlo, debes prestar mucha atención a la respuesta que estás recibiendo. Si no es la respuesta que quieres, debes variar tu propia comunicación hasta que se alcance tu objetivo interpersonal.

Existen fuentes importantes de incomprensión en la comunicación. La verdad es que cada ser humano tiene una experiencia vital diferente asociada con cada palabra que escucha o pronuncia. Lo que una persona quiere decir con una palabra es con frecuencia bastante diferente de lo que entiende otra persona al oírla. Una segunda fuente de incomprensión surge de los componentes no verbales de la comunicación, incluyendo el tono de voz y la expresión facial. La gente responde a eso tanto, si no más, que a lo que se dice realmente.

Tu mundo no es mi mundo. ¿O no? Los buenos comunicadores se dan cuenta de que la forma en que experimentan sus vidas puede ser muy diferente de las experiencias de los demás. Para decirlo de otra forma, dos personas no viven exactamente en el mismo mundo. Cada individuo crea un modelo único del mundo y por eso habita dentro de una realidad ligeramente diferente a la de todos los demás. A pesar de lo que pueda parecer, no respondemos directamente al mundo sino a nuestra experiencia del mundo tal como lo reconstruimos. Nadie puede decir si su experiencia se corresponde a la realidad externa o no, y realmente no importa. Lo que importa es el «aquí dentro» que interpretamos como el «allí fuera». Tu tarea es desplazar a la persona con la que estás hablando hacia el mundo que ocupas. En realidad, se trata de un proceso multifacético. Debes conectar con tu compañero, física, mental y emocionalmente.

Las palabras son una representación imperfecta de la experiencia. De la misma forma que cada uno de nosotros tiene una experiencia diferente del mundo, las palabras que utilizamos complican aún más nuestra comunicación. El lenguaje es un código que representa las cosas que vemos, oímos o sentimos. La gente que habla otras lenguas usa palabras diferentes para representar las mismas cosas que ve, oye o siente el que habla español. Además, como cada persona tiene un conjunto único de experiencias de lo que ha visto, oído y sentido en su vida, sus palabras tienen significados diferentes para cada una de ellas. Finalmente, algunas personas son mucho más aptas para la comunicación verbal que otras. El vocabulario y el nivel educativo son, por supuesto, factores que influyen, y ellos, a su vez, se ven afectados por una multitud de variables, como el tipo de escuela a la que asistieron, talento especial para ciertos aprendizajes o discapacidades. Los comunicadores efectivos se esfuerzan en maximizar sus dotes de expresión. También se dan cuenta de que incluso perfeccionando sus habilidades, aún es posible que se produzcan comunicaciones erróneas, aunque el significado parezca «obvio».

La clave siempre es la flexibilidad. Basándonos en todos los puntos anteriores, debería quedar claro que la persona con el mayor grado de flexibilidad será el comunicador más efectivo. Por ejemplo, si tienes un vocabulario extremadamente limitado, serás capaz de comunicar tu mensaje de manera muy limitada. Pero cuantas más palabras conozcas, más amplias serán tus opciones. Si alguien no comprende lo que estás intentando decir, podrás encontrar otras formas de decir lo mismo. La elección es siempre mejor que la no elección, y más alternativas son siempre preferibles a menos. Esto es cierto no sólo en cuanto al número de palabras a tu disposición, sino también en cuanto a la amplitud de las emociones e incluso sobre la variedad de ropas que vistes. Si lo que estás haciendo no funciona, deberías tener los recursos para variar tu comportamiento y hacer algo diferente.

PASOS A SEGUIR

1. Apunta el nombre de la persona que conoces que se parezca más a cada uno de los cuatro tipos de personalidad.

Desafiador: _______________________________

Agente secreto: _______________________________

Hormiguita: _______________________________

Quemado: _______________________________

¿Juzgas de alguna forma a estos individuos? Si es así, entonces es posible que tú mismo estés luchando con algunos de sus atributos. Reflexiona sobre cada uno de ellos y realiza un inventario honesto sobre ti mismo, señalando cuándo puedes haberte comportado como uno o más de estos cuatro tipos de personalidad. ¿Cómo puedes cambiar este comportamiento para que te sea más útil a ti y a los que tienes alrededor?

2. Elabora una lista con aquellas personas en tu lugar de trabajo con las que crees que es más fácil establecer sintonía. Tómate tu tiempo para examinar por qué encuentras que es más fácil comunicarte con ellos. Después haz una lista con los que lo tienes difícil. ¿Qué pasos puedes dar para sentirte más cómodo con ellos? ¿Cómo puedes empezar a establecer una sintonía con ellos?

3. ¿Alguna vez te has sentido quemado? ¿Qué tres pasos puedes dar para prevenir que vuelva a pasarte?

NOTAS DEL PLAN DE ACCIÓN

CAPÍTULO 5
Curiosidad asertiva

La segunda de las habilidades sociales esenciales es la curiosidad asertiva. La gente es curiosa por naturaleza. ¡Nacemos así! Isaac B. Singer, premio Nobel de Literatura, describió una vez la vida como una novela que tiene partes buenas y partes malas. Como en una novela, no importa lo que digas sobre ella, todo el mundo quiere ver lo que hay en las páginas siguientes. Todo el mundo quiere saber qué va a ocurrir a continuación. Todos tenemos una curiosidad intrínseca sobre el mundo y deberíamos hacer todo lo posible para alimentar esta característica humana innata y mantenerla viva.

Esto es especialmente relevante en un entorno corporativo. La curiosidad puede ser tremendamente beneficiosa para cualquier directivo que sepa cómo estimular la curiosidad innata de su equipo. En las próximas páginas vamos a explorar las estrategias y las tácticas para utilizar de la mejor manera posible la curiosidad de las personas. Más importante aún, vamos a ver por qué la clave para conseguirlo radica en mantener viva y en forma tu propia curiosidad.

LA HISTORIA DE MICHELLE

Veamos un ejemplo de cómo funciona esto. Michelle es una ejecutiva encargada de las relaciones con los inversores en una gran empresa multinacional. Su trabajo es muy interesante y depende en gran parte de su saludable sentido de la curiosidad. Básicamente, consiste en estar en contacto con personas que son grandes inversores en su empresa e intentar averiguar si tienen alguna necesidad o preocupación en particular.

Muchos grandes inversores, aunque no todos, son personas mayores para las cuales la soledad es una preocupación muy real. En este momento de sus vidas, tienen mucho dinero pero nada más. Cuando Michelle se pone en contacto con ellos, quieren hablar de sus inversiones, pero también quieren sentir que ella se toma un interés real por sus vidas. Las conversaciones resultantes no se parecen demasiado a una charla de negocios convencional, pero Michelle aprendió con rapidez que hablar con alguien de sus nietos durante media hora puede ser un elemento muy positivo para reforzar la confianza y la lealtad. Así aprendió a sentir una curiosidad genuina por las personas con las que hablaba y por lo que tenían que decir. A menudo esto significaba entrar en temas que a primera vista no parecían interesantes o relevantes. Pero resulta sorprendente cómo tomarse tiempo para conocer a alguien puede reforzar las relaciones con el cliente y ayudar a cimentar el éxito.

Cuando Michelle recibió el encargo de formar a un empleado nuevo para que la ayudase con su trabajo, tuvo la oportunidad de reflexionar sobre lo que significa realmente la curiosidad como habilidad para tratar con las personas en un entorno profesional. Como Michelle, es posible que seas un directivo que quiera motivar a su equipo para que aprenda todo lo que sea posible con la mayor rapidez posible. O es posible que seas un empleado nuevo y sientas curiosidad sobre tu empresa. Quieres poner en marcha tu curiosidad de forma que sea beneficioso para ti y para tu organización. Ya seas un directivo veterano o un empleado nuevo, lo que estás buscando es una curiosidad asertiva. Esta es una disposición de la mente absolutamente única y algo compleja. Incluye nada menos que diez elementos distintos pero estrechamente relacionados. Al activarlos, puedes maximizar al instante el papel de la curiosidad en tu repertorio de habilidades sociales. Veamos estos puntos uno a uno.

PUNTO 1: CONVERTIR LA CURIOSIDAD ASERTIVA EN UNA EXPERIENCIA EMOCIONAL

Primero, tienes que darte cuenta de que la curiosidad asertiva es una experiencia tanto emocional como intelectual. Cuando tratas con otra persona, esa es la diferencia entre establecer realmente una sensación de descubrimiento compartido y sólo preguntar educadamente por una cosa u otra. Si existe una palabra que describe este tipo especial de energía, esa palabra es *pasión*. La curiosidad asertiva se relaciona más con la pasión que con la simple recopilación de datos. No sólo debes motivarte para aprender, sino que has de formarte para hacerlo de manera demostrativa, memorable y significativa. Se trata de que te importe lo que quieres aprender, de que te sientas en verdad estimulado por ello, y de que contagies esa emoción a las personas que te rodean.

¿Cómo consiguió Thomas Edison más de un millar de patentes de la Oficina de Patentes de Estados Unidos? El motor que impulsaba todos esos descubrimientos era una curiosidad infinita e ilimitada. Edison no era un teórico. Era lo que se llama un pensador empírico. Le gustaba ver cómo funcionaban las cosas en el mundo real. En realidad no importaba si el mundo real funcionaba de la forma en que él creía que lo hacía. Incluso si los resultados de sus experimentos diferían de lo que esperaba, nunca lo consideró un fracaso. Nunca habló de «experimentos fallidos» en la jerga científica convencional. Cada experimento era un éxito, porque siempre descubría algo nuevo. Si era algo distinto a lo que había esperado, mucho mejor. Es más, Edison era capaz de transferir esta curiosidad a todas las personas que trabajaban con él. Eso era lo que lo convertía en una persona asertivamente curiosa.

PUNTO 2: VERTE COMO ESTUDIANTE Y SUMINISTRADOR

Por supuesto, la curiosidad asertiva también es sustancia además de emoción. Por eso el segundo punto implica que te veas como estudiante pero también como suministrador de conocimiento real. Se trata de hacer todo lo que puedas para situarte en cabeza en tu campo, mediante la recopilación de información dentro y fuera de tus áreas de conocimiento, manteniéndote a la última siempre que sea posible. Esto no significa pasarse cada día muchas horas en Internet, en la biblioteca, o revisando revistas profesionales. La curiosidad asertiva es algo mucho más dinámico que eso. Se trata de saltar la brecha entre teoría y práctica. Se trata de abandonar la torre de marfil y sumergirte en un campo en particular. Se trata de hablar con expertos y autoridades, invitando a la gente a que hable contigo a medida que te conviertas en una autoridad.

El físico Richard Feynman, galardonado con el Premio Nobel, era en algunos aspectos un Edison moderno. Sin embargo, el trabajo de Feynman se desarrollaba en el oscuro mundo de la mecánica cuántica y la cosmología. Pero Feynman también tenía una parte práctica. Una vez dijo que había una forma segura de decir si alguien era un verdadero experto o sólo se hacía pasar por uno. Todo dependía de la frecuencia con la que decía tres palabras muy importantes: «No lo sé». Si una persona tiene la respuesta a todas las preguntas, si aparentemente no hay nada que no comprenda en profundidad de un tema específico, entonces sabes que tienes frente a ti a un falsario. Cuando alguien obviamente sabe muchísimo pero sigue siendo capaz de admitir que no lo sabe todo, esa es la marca de la verdadera confianza y autoridad. Por supuesto, Feynman añadía un corolario extremadamente importante a dicho principio que desde luego se aplica a los individuos asertivamente curiosos. Mientras están dispuestos a admitir que no saben, también tienen la firme decisión de llenar esas lagunas. Las personas curiosas de forma asertiva están ansiosas de que les presenten retos, y a cambio desafiarán a los demás. Quieren obtener los hechos y saben que aún no los tienen todos. Es más, saben que nunca tendrán todos los hechos, y eso les hace felices.

PUNTO 3: ESCUCHAR DE FORMA INTERACTIVA

Teniendo todo esto en cuenta, nuestro tercer punto se ocupa de los componentes operativos e interactivos de la curiosidad asertiva. Se trata de escuchar, preguntar, dar respuestas y recordar que todo ser humano se diferencia de los demás. Se trata de provocar la respuesta y despertar a personas que son calladas por naturaleza. Se trata de descubrir lo mejor de cada persona a la vez que se respetan sus límites y se es profesional durante todo el tiempo.

Cuando la gente habla contigo, ¿escuchas con toda tu atención o te distrae su apariencia, su forma de hablar o cualquier otro detalle? ¿Escuchar es para ti esperar a que la otra persona pare para que puedas empezar a hablar, o se trata de una habilidad que realmente quieres desarrollar? Resulta sorprendente lo raros que son realmente los buenos oyentes, y al convertirte en una de estas personas raras, puedes dar un gran paso para llegar a ser un comunicador verdaderamente hábil.

¿Cómo reaccionas cuando alguien dice algo con lo que no estás de acuerdo? ¿Existen algunos temas o algunas personas que encuentras irritantes de inmediato? La verdad es que todos tenemos nuestros puntos calientes, pero aquí una vez más un aspecto importante de las habilidades para tratar con las personas es mantener el control y aceptar la responsabilidad. Cuando alguien dice algo que parece totalmente fuera de lugar, es posible que él o ella sean una persona mal informada. Pero no es responsabilidad tuya informar de ello al resto del mundo. Tu responsabilidad es responder con tranquilidad, calma y control. En dos palabras, con habilidad.

El título del libro más famoso de Dale Carnegie es *Cómo ganar amigos e influir sobre las personas*. Es un título conocido en todo el mundo y su simplicidad es uno de sus fuertes, pero para comprender realmente este título, tenemos que mirar muy de cerca una palabra. Sorprendentemente esa palabra es *e*. En una conversación ordinaria, *e* es sólo una palabra que une, una conjunción. Pero aquí esta letra tiene una función más importante. La *e* en el título del libro de Dale Carnegie en realidad significa «para». Las dos partes del libro no sólo coexisten, sino que una parte nace de la otra. No es sólo una cuestión de hacer amigos e influir sobre las personas. Hacer amigos te otorga el poder de influir en las personas. Con las mínimas palabras posibles, ganarse el afecto que proporciona respeto. ¡No es física nuclear! Es sencillo. No es necesariamente fácil, pero desde luego no es complicado.

Parte de tu compromiso como oyente verdaderamente interactivo significa prescindir de algunos de los elementos negativos que muchos de nosotros tomamos por una conversación de verdad. Dicho de forma muy sencilla, no critiques ni te quejes. Punto. ¿Por qué no? Bueno, ¿disfrutas escuchando las quejas de los demás? ¿Escuchar como alguien condena a otra persona te acerca a ella? ¿Escuchar una lista de críticas de alguien te inclina a sentirte positivamente influido? Creo que las respuestas a estas preguntas se explican por sí mismas.

En vez de criticar o quejarte, crea en tu interior sentimientos de aprecio, gratitud e interés genuino hacia los demás. No lo hagas porque quieras ser un eterno optimista. Hazlo por autointerés positivo. Una vez más, ¿cómo te sientes cuando estás con personas que son positivas y agradecidas? Es posible que ese tipo de gente sea la que quieras como amigos. Y como mostró Dale Carnegie, los amigos son las personas que nos influyen. Normalmente queremos olvidar a la gente que es negativa de forma habitual, pero las personas genuinamente positivas no sólo son memorables, sino que son literalmente inolvidables.

¿Cuál es la mejor forma de mostrar agradecimiento, gratitud, optimismo y otros sentimientos positivos? Una vez más, lo que dices y cómo escuchas puede quedar anulado por tu apariencia, así que ¡sonríe! ¿Qué podría ser más sencillo? En realidad no es necesario profundizar demasiado en los beneficios de la sonrisa, pero como hemos visto antes, las investigaciones muestran que sonreír —es decir, flexionar ciertos músculos del rostro de una cierta manera— estimula la producción de unos neuroquímicos en el cerebro que están asociados a sensaciones de felicidad y bienestar. Al nivel biológico más básico, sonreír es bueno para ti.

Y reír puede ser incluso mejor que sonreír. Hace más de veinte años, Norman Cousins escribió un libro muy vendido que describía cómo veía comedias cinematográficas para tratar una enfermedad muy seria. Desde entonces se han realizado muchos estudios sobre los efectos psíquicos y emocionales de la risa. Un estudio muy interesante analizaba la frecuencia con la que las personas ríen en diferentes fases de la vida. Con tres años de edad reímos un montón; de hecho, cien veces al día. Sin embargo, desde ese momento se produce una reducción gradual de la risa a lo largo de los años. Pero entonces ocurre algo muy interesante. Algunas personas empiezan a reír más y otras dejan de reír del todo.

En parte es una cuestión de genética, pero recuerda que un aspecto esencial del carácter es aceptar el cien por cien de la responsabilidad. Es posible que simplemente sea «natural» que nos volvamos más infelices a medida que crecemos. Pero eso no significa que tengas que dejar que ocurra. También puede ser natural debilitarse físicamente y ganar peso, pero millones de personas han convertido en una prioridad resistirse a esos procesos. Así, puedes adquirir el compromiso de mantener tus emociones positivas de la misma forma que mantienes tu cuerpo saludable. Pero *compromiso* es una palabra clave. No ocurre por sí mismo. No ocurre con facilidad. ¡Sólo tienes que fingir que es así!

Repito, no hay nada complicado en todo esto. Normalmente sólo se trata de formular las preguntas correctas y querer escuchar realmente las respuestas. Puede ser tan sencillo como decir: «Eso suena interesante. ¿Cómo puedo ayudar?» o «He estado pensando en algo nuevo. Me gustaría escuchar vuestra opinión». Nada es más inspirador para los empleados que tener un directivo que les pide su opinión. Sin embargo, ¿con qué frecuencia ocurre eso en el mundo empresarial? La curiosidad asertiva no sólo significa encontrar respuestas a los problemas. Realmente se trata de descubrir qué piensa la gente. Cuando lo haces, te sorprendes de cuántos problemas puedes eliminar con rapidez. Aún te sorprenderás más de la cantidad de problemas que ni siquiera aparecen.

PUNTO 4: SER INTERACTIVO SIN UN PLAN

La curiosidad asertiva pretende que seas interactivo con las personas sin un plan prefijado. Se trata de ser flexible al ajustarte a los intereses de los demás y tener confianza para admitir que otro punto de vista puede ser tan válido como el propio. A veces significa conseguir sólo la mitad de lo que pretendías de una reunión o de una llamada telefónica, pero aun así sentirte bien por lo que has aprendido. Significa encontrar el equilibrio creativo entre ser un interrogador incisivo y un oyente paciente. Se trata de equilibrar tu curiosidad con la necesidad de aprender del otro.

En muchas áreas, Dale Carnegie se adelantó a su tiempo, y uno de los ejemplos más claros de ello es la forma en que subrayó la necesidad de prestar atención a los deseos y las necesidades de los demás y de ser conscientes tanto de las claves verbales como de las no verbales. Esto significa que hay que ser curioso sobre lo que los demás quieren y utilizar esos deseos como una forma de establecer una conexión. El hecho es que la mayoría de la gente no te dirá lo que realmente quiere a menos que se lo preguntes, pero ¿cuántos de nosotros nos hemos molestado en preguntar? La forma de conseguirlo es bastante paradójica. Si realmente estás interesado en lo que preocupa al otro, la mejor forma de acceder a esta información es compartir algo sobre ti mismo. Sin embargo, al hacerlo debes recordar que sólo lo estás haciendo como una forma de inspirar a la otra parte para que hable. No quedes tan atrapado en tu propia historia que no haya espacio para que nadie más diga nada.

Antes de compartir una historia personal como una forma de establecer lazos de confianza y conseguir información de la otra parte, es necesario que tengas presentes algunas consideraciones. Primera, siempre debes empezar la conversación de una forma amistosa y nada amenazante. Esto es especialmente importante si te encuentras en el papel de superior, cuando de forma natural la gente duda de si abrirse ante ti. En general, lo mejor es ser muy explícito con esto. Deja claro que la conversación no es oficial o pide permiso para compartir un poco de información personal. Todo esto forma parte de contemplar la situación desde el punto de vista del otro. Después asegúrate de que la información que compartes se expresa de una forma dramática e interesante, de manera que el otro se sienta impulsado a hacer lo mismo. Por ejemplo, no resulta muy excitante escuchar que alguien dice: «Algún día quiero tener mi propio negocio». Comparado con: «Siempre he soñado con tener una boutique pequeña y refinada donde vender ropa realmente elegante». La segunda alternativa es algo más que un simple plan de negocio. Estás compartiendo un sueño. Y cuando compartas uno de tus sueños, la persona con la que estás hablando puede encontrar el valor para compartir uno de los suyos. Eso es realmente lo que quieres que ocurra cuando eres un directivo asertivamente curioso.

Existe un número infinito de preguntas que puedes plantear a la gente para conseguir que hablen y compartan información sobre ellos mismos. Como hemos visto, a veces el mejor comienzo es revelar algo personal, pero el propósito más profundo debe ser excitar la curiosidad de la otra parte sobre aspectos que simplemente habían dado por supuestos y aceptados. A continuación ofrecemos algunas preguntas que pueden servir a ese objetivo. Es posible que ningún directivo o superior en tu trabajo te haya planteado nunca cuestiones como esas. Incluso aunque alguien hubiera querido preguntar sobre ello, quizá parecían demasiado personales o poco profesionales. Pero pueden ser muy importantes para crear una atmósfera de curiosidad asertiva. Cuando leas estas preguntas, empezarás a ver lo valiosas que pueden ser para ayudar a las personas a descubrirse a sí mismas y a adoptar una actitud de curiosidad hacia sus vidas. De hecho, probablemente te ayudarán a hacer lo mismo.

- ¿Cuál es la historia de tu apellido?
- ¿De qué parte del mundo es tu familia?
- ¿Cuáles son los orígenes lingüísticos de tu nombre?
- ¿Dónde vives? ¿Te gusta vivir allí?
- ¿Qué te gusta hacer con tu familia?
- ¿Qué te gusta y te disgusta del tipo de trabajo que realizas en la empresa?
- ¿Cómo empezaste en esta organización?
- Cuéntame algo de los lugares a los que te gusta viajar.
- ¿Dónde fuiste de vacaciones? ¿Cuáles fueron tus impresiones?
- ¿Qué deportes te gustan?
- ¿Cuáles son tus aficiones?
- ¿Qué te gusta hacer en tu tiempo libre?
- ¿Cómo crees que podría mejorar nuestra empresa?
- Si tuvieras una varita mágica y pudieras cambiar hoy una cosa, ¿qué sería?
- ¿Qué te gustaría aprender durante el próximo año? ¿Durante la próxima semana? ¿Hoy?
- ¿Qué obstáculos has tenido que superar?
- ¿Qué consejo darías a un adolescente que quisiera

dedicarse a este tipo de trabajo?

Cuando planteas preguntas abiertas como estas, estás ejerciendo tu curiosidad. Une esto a las habilidades para escuchar de forma activa y estarás demostrando una curiosidad asertiva e inspirando a los demás. La elección siempre es tuya.

PUNTO 5: COMPARTE TUS HISTORIAS PERSONALES CON ENTUSIASMO

Un quinto punto sobre la curiosidad asertiva se centra en la importancia del estilo personal. Ya hemos visto cómo funciona en términos de compartir nuestros sueños y esperanzas. Tendrás que poner un poco de dramatismo en ellos. Debes hacer que sean excitantes y emotivos, como si estuvieras compartiendo un secreto importante. La importancia de esto debería ser muy obvia. ¿Cómo puedes excitar la curiosidad de otra persona si tú mismo no pareces muy interesado? Con demasiada frecuencia en reuniones y presentaciones, el orador intenta presentarse como si tuviera todas las respuestas. Incluso cuando solicitan preguntas de la audiencia, normalmente no existe espontaneidad ni sentido dramático.

Seamos muy claros con esto: no hay nada menos interesante que un sabelotodo (incluso si la persona en cuestión realmente sabe mucho). Por el otro lado, cuando los directivos dejan claro que ellos también pretenden aprender y que su sentido de la curiosidad sigue vivo y en forma, se convierten en líderes mucho más inspiradores. Una persona asertivamente curiosa es como el director de una orquesta.

Tiene que hacer un poco de teatro. Si contemplas al director de una gran orquesta, verás exactamente qué significa. No se trata sólo de decir a cada intérprete qué notas debe tocar en cada momento en particular. Se trata de ayudarles a tocar en ese instante como si acabaran de descubrir y expresar esas notas por primera vez. Cuando sepas cómo utilizar la curiosidad de esa forma, podrás extraer lo mejor de cada uno, incluido tú mismo.

PUNTO 6: HUMOR

El humor es el sexto componente de la curiosidad asertiva y va unido al sentido del estilo que acabamos de analizar. Hemos dicho que las personas asertivamente curiosas son muy sinceras sobre lo mucho que no saben. En consecuencia, con frecuencia tienen muy desarrollado un fino sentido del humor autoparódico. Humor y curiosidad van de la mano, porque ambos dependen del placer de la sorpresa y de lo inesperado. El humor no es sólo una táctica de una persona asertivamente curiosa; es una característica natural. Pero en un sentido práctico, el humor crea el tipo de atmósfera relajada que provoca que todo el mundo quiera escuchar y aprender.

Antes de abandonar el tema del humor, deberíamos mencionar que es una de las habilidades para tratar con las personas más elusivas. Es una de las más difíciles de aprender y dominar, y la razón de ello es muy sencilla. La mayoría de la gente realmente no cree que tenga nada que aprender sobre el humor. La mayoría de las personas cree que ya saben cómo ser divertidas, o al menos cómo apreciar a una persona o situación divertidas. Muy poca gente admitirá que no tienen un sentido del humor muy desarrollado. Pero, ¿cuántas personas conoces que sean realmente capaces de hacerte reír? Y, a la inversa, ¿tienes la habilidad de hacer reír a los demás? Responder honestamente a esta pregunta requiere valor. Pero si consigue que te des cuenta de que tus cualidades humorísticas no son lo que pensabas, aún hay esperanza. Repito, la solución radica en ser muy honesto. Había un caballero que participaba en uno de los cursos de formación de Dale Carnegie, y cuando asistió a la sesión sobre el humor, se la tomó realmente a pecho. Se dio cuenta de que a pesar de lo que pensaba, en realidad no tenía demasiado sentido del humor. Por supuesto, deseaba tenerlo, pero tenía que enfrentarse a la verdad. Por eso, en la siguiente sesión, se puso de pie y de forma algo triste enunció la verdad. Sólo dijo: «No soy una persona divertida. No soy nada divertido». Y, por supuesto, todo el mundo se rió.

PUNTO 7: RECONOCER LO QUE LOS DEMÁS NECESITAN APRENDER

La curiosidad asertiva significa reconocer no sólo lo que los demás quieren aprender, sino también lo que necesitan aprender. En consecuencia, significa impulsar su curiosidad para que avancen y aprendan. Hay varias formas de conseguirlo. Puede consistir en reenviar a alguien un artículo de Internet o dejar un libro o una revista en el escritorio de alguien. Pero debes hacerlo sin un plan por tu parte. Esto es especialmente cierto si desempeñas un papel de supervisión. ¿Recuerdas lo difícil que te resultaba leer los libros que te exigían en la escuela? Existe algo en el aprendizaje genuino que parece que es contradictorio con que te obliguen a aprender.

Esta es un área en la que un poco de psicología inversa puede ser muy efectiva. Cuando le das a alguien un libro o un artículo para que lo lea, deberías dejar muy claro que no tienes expectativas o planes para que realmente lo haga. Debes enfatizar este punto. Puedes decir algo como esto: «Cuando tengas un rato, creo que encontrarás útil este artículo. Para mí lo fue».Y eso es todo lo que tienes que decir. Déjalo así. Debes olvidar completamente tus planes si quieres generar curiosidad en otras personas. Debes ser muy asertivo en eso, y es preciso que la asertividad se aplique también hacia ti mismo. En caso contrario estarás practicando una forma no demasiado sutil de manipulación, que no tiene nada ver con la habilidad efectiva para tratar con las personas.

PUNTO 8: REFUERZO CON APOYO INSTITUCIONAL

La curiosidad asertiva necesita el apoyo de la cultura de la empresa en su conjunto. Esto significa un liderazgo fuerte y visionario, por supuesto, pero también un apoyo institucional tangible, incluidos recursos, personal y fondos. Es necesario reforzar la curiosidad a lo largo de toda la organización, desde el director general a la recepción. Es necesario que se refleje en lo que se dice y escribe, pero más importante aún, en lo que se hace. Puedes ser un directivo asertivamente curioso. Puedes preocuparte realmente de promocionar la verdadera curiosidad en tu equipo, pero si eres una voz solitaria en medio de un ambiente esencialmente conformista, tu impacto será limitado.

Así que analiza en profundidad cómo responde tu empresa a las personas que plantean preguntas inesperadas y cómo maneja las respuestas sorprendentes. ¿Qué sistemas hay establecidos para apoyar este tipo de curiosidad asertiva y para recompensarla cuando aparece? Solemos pensar en las habilidades interpersonales como algo que ocurre entre dos individuos o dentro de un grupo pequeño. Pero a veces hay cosas que es necesario hacer a un nivel mucho más amplio que hará que las interacciones individuales resulten mucho más efectivas.

PUNTO 9: APOYO POR PARTE DEL EQUIPO DE DIRECCIÓN

El noveno punto es en realidad una aplicación específica del punto anterior. El equipo de dirección debería actuar como mentor de la curiosidad para los miembros de los grupos de trabajo. A través de este tipo de relación, los directivos pueden ver claramente hasta qué punto los miembros del equipo buscan ampliar sus horizontes. Con esta información, los directivos pueden convertir la curiosidad en un factor en la evaluación, reconocimiento y promoción del empleado. Al mismo tiempo, la falta de curiosidad debe ser corregida mediante ejercicios de formación y desarrollo. Esto no significa que deba existir un «departamento de la curiosidad» oficial dentro de la estructura corporativa. Sin embargo, debe existir la manera de dar a los empleados tiempo y motivación para explorar nuevas ideas y puntos de vista.

Un ejemplo clásico de lo poderoso que esto puede llegar a ser es la legendaria división Skunk Works* de la empresa aeronáutica Lockheed Martin. Se trataba de un departamento extraoficial de la empresa cuyo único propósito era explorar ideas nuevas y enfoques excéntricos o innovadores para resolver problemas. Durante más de cincuenta años, la división produjo algunos de los conceptos más innovadores en la historia de la aviación. Sin embargo, el éxito de toda la empresa se basaba nada más que en la importancia de la curiosidad y en el poder de trabajadores veteranos y novatos trabajando juntos en un ambiente desestructurado y sin presiones. Por ejemplo, toda la tecnología para el diseño de aviones militares «invisibles» surgió de los Skunk Works. Los ingenieros encontraron la clave matemática para el diseño invisible enterrada en medio de una oscura revista de física, publicada originalmente en Rusia. Curiosamente, los burocráticos militares rusos nunca habían utilizado el principio, a pesar de las indicaciones en este sentido del autor ruso del artículo. Aún más sorprendente es cómo se probó el primer avión invisible. El avión se guardó en un hangar secreto y sin luces lleno de murciélagos. Cuando los murciélagos no pudieron detectar la presencia del avión y se estrellaron contra él en la oscuridad, los ingenieros supieron que tenían el diseño correcto. Resulta difícil imaginar que un sistema de prueba que utiliza murciélagos hubiera podido surgir de un ejercicio convencional de investigación y desarrollo. Era necesario un compromiso institucional con la

---

* Literalmente, trabajos canallas *(N. del T.)*

curiosidad, en un entorno que se encontraba fuera del perfil oficial de la empresa. De hecho, durante muchos años Lockheed Martin no reconoció la existencia de los Skunk Works, ni el gobierno de Estados Unidos. reconoció los aviones que habían salido de ella.

PUNTO 10: CREA UN AMBIENTE DIVERTIDO

Finalmente, el décimo principio de la curiosidad asertiva, y quizás el más importante: la curiosidad asertiva tiene que ser divertida. Las recompensas deben ser espontáneas e intrínsecas. Debes sentir la excitación del deseo de explorar un tema nuevo, o ver que has contagiado esa excitación en un colega o colaborador. Los directivos asertivamente curiosos no lo hacen por el dinero. La curiosidad es simplemente una parte de lo que son, y las personas realmente curiosas no se pueden imaginar haciendo otra cosa. Considera la atmósfera en Google. Se anima y dota a los empleados para que sean curiosos, para que exploren y para que se diviertan. Los resultados son una organización que tiene un éxito increíble con empleados felices y leales.

Una buena forma de vislumbrar el poder de la curiosidad es considerar su opuesto, es decir, el aburrimiento. El aburrimiento es una sensación que es raro que experimenten los niños pequeños. Es la sensación de que tus energías creativas, o incluso subversivas, se han agotado completamente. Es lo que sientes cuando tienes que estar sentado con la espalda recta durante una larga clase sobre algún tema que no tiene ningún interés para ti. Esa no es la forma correcta de experimentar la educación, y desde luego no es la mejor forma de vivir tu vida. Empezamos este capítulo con la idea que la vida es como un libro del que no quieres llegar al final. Eso puede ser cierto, pero ¿eres una persona que se interesa realmente en lo que está leyendo, o sólo temes lo que pueda ocurrir cuando llegues a la última página? Responder a esta pregunta es en sí mismo un ejercicio de curiosidad asertiva. Es el tipo de interrogantes que merece un poco de reflexión por tu parte, y también deberías inspirar a los demás para que piensen en ello.

Los diez puntos que hemos analizado en este capítulo, sin lugar a dudas, pueden ayudarte a hacerlo. Pero estamos muy lejos de haber agotado el tema de la curiosidad asertiva. Seguiremos nuestro análisis en el capítulo 6.

PASOS A SEGUIR

1. En una escala de 1 a 10, ¿cuánta curiosidad asertiva tienes por el trabajo que haces y por las personas con las que te relacionas en el trabajo?

1   2   3   4   5   6   7   8   9   10
Muy poco   *Poco*   *Algo*   *Mucho*

2. Ser asertivamente curioso implica flexibilidad e interés por las necesidades de los demás. A veces cultivar el deseo de centrarse en las necesidades de los demás implica un compromiso y una práctica consciente. Durante la próxima semana, escoge al menos una persona al día en cuyas necesidades te vayas a centrar. Apunta todo lo que hayas aprendido al realizar este ejercicio.

3. Es importante ser proactivo animando e impulsando el aprendizaje entre tu equipo. Redacta una Senda de Aprendizaje para Un Año de tu equipo. Asegúrate de conseguir sus aportaciones e incorpora sus deseos e intereses. Después emprende las acciones que sean necesarias.

4. Generar diversión y tener buen sentido del humor son dos rasgos importantes que debes cultivar cuando desarrolles tu curiosidad asertiva. También son decisiones que te levantarán el espíritu y mejorarán tus intercambios diarios. ¿Te diviertes en el trabajo? ¿Ríes mucho? Convierte en un objetivo añadir más diversión y humor a tus días. Mantén un registro de lo que haces y de cualquier cambio que percibas como consecuencia de llevar a la práctica este compromiso.

NOTAS DEL PLAN DE ACCIÓN

CAPÍTULO 6
Maximizar la curiosidad asertiva en los negocios

Basándote en lo que has aprendido en el capítulo 5, ahora verás que la curiosidad asertiva conlleva muchos beneficios, como rasgo propio y también como cualidad que puedes desarrollar en los miembros de tu equipo. Ya hemos analizado algunas de las habilidades interpersonales que te pueden ayudar a alcanzar esos objetivos. Ahora, al principio de este capítulo, vamos a centrar un poco más nuestra atención. Vamos a analizar las cosas que como directivo tienes que hacer para maximizar la curiosidad asertiva en tu entorno corporativo. Por favor, presta atención a los cuatro temas que vamos a tratar ahora. Son los elementos esenciales, los «imprescindibles». Estos son los elementos que marcan realmente la diferencia entre una cultura de complacencia y un equipo ganador.

LOS CUATRO ELEMENTOS ESENCIALES DE LA CURIOSIDAD ASERTIVA

ELEMENTO 1: Contacto frecuente

La curiosidad asertiva depende sólo de unos cuantos componentes vitales en la relación entre directivos y empleados. El más importante de ellos es verdaderamente muy sencillo: se trata de la frecuencia de contacto. La curiosidad asertiva requiere reuniones cara a cara continuadas con los miembros del equipo. De hecho, si es posible, deberías estar en contacto todos los días. Este tipo de preocupación te permite ver quién merece un elogio en un momento dado y quién necesita ayuda. Demuestra tu compromiso y fomenta el que los miembros de tu equipo piensen en qué pueden hacer a cambio.

Para que se produzca este contacto personal, debes dedicar tiempo cada semana a reuniones individuales o a interacciones de grupo a fin de que los miembros del equipo puedan conocerse entre sí. Un buen momento para hacerlo es al principio de la jornada laboral. Quizás una vez a la semana, por ejemplo, los miembros del equipo acepten llegar veinte o treinta minutos antes para compartir lo que ha ocurrido en sus trabajos y en sus vidas. Esto funciona mejor si participa todo el mundo. La curiosidad asertiva se ve reforzada cuando se trata de un esfuerzo de equipo más que de una iniciativa individual. Como todas las habilidades interpersonales, la curiosidad debería ser una experiencia social y de colaboración, no algo competitivo y aislado.

Para que estas reuniones informales sean un éxito, lo mejor es disponer de un tema acordado de antemano, que no sea demasiado específico ni demasiado vago. Si no hay ningún tema para la reunión, existe el peligro de que la gente se quede sentada esperando que alguien rompa el hielo. Ese alguien seguramente serás tú, su director o la persona de mayor antigüedad en el grupo. Si ocurre esto, la reunión se convertirá en una interacción excesivamente formal; una en la que todo el mundo acabará siguiendo tu liderazgo. Por otro lado, un tema que sea demasiado específico puede impedir que la gente hable de lo que le pasa realmente por la cabeza. Pueden pensar que sus preocupaciones están fuera de lugar, así que se quedarán callados. El verdadero objetivo de tener un tema para las interacciones de grupo no es resolver ningún problema en particular, sino utilizar el tema como un punto de partida para una discusión en la que se ponga en acción la curiosidad asertiva.

En una situación de grupo como esta, la curiosidad asertiva se vuelve genuinamente interactiva. Los miembros del equipo desarrollan y comparten preguntas, reflexiones y soluciones. Es una buena oportunidad de aprender cómo piensan los demás, así como de ver cómo funcionan tus propios procesos de pensamiento. Dentro de este marco, a continuación vamos a ver algunas líneas específicas para una discusión de grupo efectiva. Se trata de principios y responsabilidades compartidos que deberían definirse y acordarse con cada uno de los miembros del equipo.

Lo primero y principal, todo el mundo se debe comprometer a asistir y a llegar puntual a las reuniones. Los miembros del equipo deben comprender que aquí el objetivo no es sobresalir o ganar una discusión. Los desacuerdos amistosos son aceptables e incluso deseables, pero se deberían evitar las críticas personales.

En la primera reunión, se pueden tomar decisiones sobre los objetivos del grupo, la frecuencia de las reuniones, el método para evaluar los progresos y cómo se podrán resolver los conflictos. A menudo es una buena idea elegir a una persona diferente para moderar la discusión en cada sesión. Sin embargo, el grupo se tiene que sentir cómodo si tú, como directivo, ocupas ese papel cada semana. Tú conoces a tu grupo y puedes decidir qué es lo más beneficioso.

Veamos un ejemplo de cómo se puede desarrollar una reunión de este tipo. Vamos a suponer que el tema de la semana es la comunicación dentro del entorno corporativo. El moderador de la discusión empieza preguntando si alguien puede pensar en algún obstáculo con el que tropiece la gente en el momento de establecer una comunicación efectiva sobre temas relacionados con el trabajo. Si nadie responde, el moderador debería compartir una experiencia personal. Esta es una herramienta básica de la curiosidad asertiva, y normalmente anima a los demás a intervenir.

En cualquier discusión sobre temas de comunicación, un aspecto muy común es la divergencia de estilos de comunicación que pueden existir entre las personas. Por ejemplo, una persona se puede sentir cómoda con las comunicaciones escritas, mientras que otra prefiere hablar por teléfono o las reuniones personales. Diferencias como estas se pueden convertir en un problema cuando el directivo prefiere un estilo de comunicación, mientras que el miembro del equipo se siente más cómodo con otro.

El final de la semana es un buen momento para ti como directivo para citar a solas a un miembro del equipo y comprobar cómo van las cosas. Es una oportunidad para plantearle preguntas individuales, y también para animar a los empleados para que te pregunten lo que tengan en mente. La curiosidad asertiva empieza por conocer lo que no sabes y después emprender acciones para obtener esa información.

Tú y los miembros de tu equipo necesitan actualizaciones frecuentes sobre las responsabilidades individuales, así como sobre lo que está pasando en el conjunto de la empresa. Sin curiosear en la privacidad de los miembros del equipo, deberías fijar citas para observar cómo realizan realmente su trabajo los miembros del equipo. Aquí la intención tiene que ser ayudar, apoyar y la curiosidad asertiva. No debería parecerse al espionaje. Es una oportunidad para que puedas evaluar y apoyar a los miembros del equipo en lo que necesiten ayuda. Al mismo tiempo, es una oportunidad para que los empleados puedan hacer sugerencias en el contexto de su entorno de trabajo cotidiano.

ELEMENTO 2: *Gestión del tiempo*

Hemos visto lo importante que es fijar las reuniones de grupo, y también para ti como directivo pasar tiempo con cada miembro del equipo. Si estás pensando en fijar interacciones de este tipo, resulta una buena idea considerar el tema de la gestión del tiempo en general. Como directivo asertivamente curioso, una de las preguntas más importantes que puedes plantear es «¿Cuánto tiempo necesitas?». Nos podemos referir a esta cuestión como «tiempo de la tarea» y debería aparecer en cada discusión sobre temas relacionados con el puesto de trabajo. Aprender a utilizar bien el tiempo es crítico tanto para los directivos como para los miembros del equipo. El hecho es que muchas personas necesitan ayuda para aprender a gestionar el tiempo de forma efectiva. Asignar plazos realistas significa aumentar la productividad. Cómo definan las disponibilidades de tiempo una empresa y un directivo puede resultar clave para que todos alcancen un rendimiento máximo.

Respecto a la gestión del tiempo, una buena regla es «Espera más y obtendrás más». Expectativas altas son importantes para todos, en especial a la luz de una de las leyes establecidas con más firmeza en el mundo empresarial: el trabajo se expande para llenar el tiempo disponible. Esperar que los miembros del equipo completen una tarea en el plazo de tiempo asignado puede ser una profecía autocumplida, en especial si mantienes unas expectativas igualmente elevadas para ti.

Sin duda, la herramienta de gestión del tiempo más efectiva es que los miembros del equipo lleven registros de su empleo del tiempo durante cada jornada laboral. Cuando les pidas a tus subordinados que lo hagan, asegúrate de que lo sitúas en el contexto de la curiosidad asertiva. En lugar de presentar el registro de tiempo como una forma de escrutinio intrusivo en lo que la gente hace cada segundo del día, deja claro que es sólo una manera de ejercer una curiosidad saludable sobre cómo se hacen las cosas. Es muy posible que los resultados sean interesantes y sorprendentes.

Crear un registro de actividad

John, por ejemplo, es el propietario de una empresa de edición y posproducción de cine en Los Ángeles. Emplea a un equipo de editores que trabajan con películas de Hollywood, así como con proyectos más pequeños y de producción independiente. La mayor parte del trabajo se hace de noche, e incluso para trabajadores nocturnos experimentados existe la tendencia a ser menos eficiente hacia las tres o las cuatro de la madrugada. John quería que los miembros de su equipo llevaran registros de actividad como una forma de enfatizar la necesidad de mejores hábitos de trabajo, pero sabía que era peligroso ordenárselo así como así.

En su lugar, descubrió una forma novedosa de introducir el tema. Compró cronómetros baratos en una tienda de deportes y se los entregó a su equipo. Después les preguntó si estarían dispuestos a ver uno de los partidos de la liga de fútbol americano profesional que se televisaba ese fin de semana. Como un encargo especial, pidió a su gente que llevase un registro de qué parte de la emisión era realmente fútbol y qué parte ocupaban los anuncios y otras interrupciones del juego. Como revelaron sus registros, la parte de la acción del partido comprendía menos de siete minutos y medio de las tres horas de emisión.

Basándose en esta información, a John le resultó más fácil sugerir que intentasen algo similar con registros de actividad de su trabajo de edición. De hecho, los editores lo vieron casi como un juego. Querían ver lo poco que se hacía realmente a lo largo de un turno de ocho horas. Pero una vez completaron los registros, todo el mundo vio que se había descubierto algo muy serio. Los resultados no fueron tan sorprendentes como los del registro de tiempos del fútbol, pero desde luego no se hacía un uso óptimo del tiempo disponible. A través de este ejercicio de curiosidad asertiva, los miembros del equipo comprendieron que había que realizar cambios. Como John había ejercido sus habilidades interpersonales con creatividad, la lección fue aceptada sin sentimientos negativos por parte de nadie.

Como revelará un registro de actividades, personas diferentes trabajan bien de maneras muy diversas. Si eres consciente de este hecho, se debería reflejar en la forma en que planteas los registros de actividades y en las expectativas que tengas para uno u otro individuo. Pensadores brillantes en la sala de reuniones pueden ser mucho menos efectivos en el trato cara a cara con clientes y proveedores. Miembros del equipo con mucha experiencia práctica pueden no hacerlo tan bien en las presentaciones o preparando informes escritos. Las personas necesitan la oportunidad de descubrir dónde se encuentran sus talentos y utilizarlos de las maneras que mejor funcionen. Después, al pasar el tiempo, pueden sentirse motivados para entrar en áreas que no les resultan tan naturales.

ELEMENTO 3: Busca ayuda de la dirección

Como directivo tienes ante todo la responsabilidad de ser asertivamente curioso sobre tu equipo y para mejorar y ampliar sus habilidades. Pero necesitas y mereces mucha ayuda. En especial, la alta dirección tiene el poder de crear un entorno que sea favorable a la curiosidad y a los logros. Tú como directivo deberías dejárselo claro a tus supervisores.

Cuando este entorno estimulante y asertivamente curioso empieza a cobrar vida, directivos y ejecutivos empiezan a pensar en ellos mismos como educadores, no sólo como jefes. ¿Qué cualidades específicas debe tener el entorno? Se destinan los recursos adecuados para crear oportunidades para que los directivos y los miembros del equipo reflexionen y actúen sobre sus preocupaciones mutuas. Los directivos reciben apoyo y se les da tiempo para desarrollar nuevas ideas y enfoques. Sin embargo, el factor crucial es un fuerte sentido del objetivo. Fijar metas es fundamental. Esto es necesario, en primer lugar, para la organización en su conjunto y después para cada miembro individual del equipo. Fijar metas es tan trascendental que vamos a dedicar algunos instantes a pensar en ello y a ver cómo la fijación de metas es en realidad una expresión de la curiosidad asertiva.

ELEMENTO 4: Fijar metas.
Plantear las preguntas correctas

Lo mejor es empezar con algunas preguntas. ¿Qué te gusta hacer? ¿Cuáles son tus intereses? ¿Qué es lo que te apasiona realmente? Plantéate estas preguntas y formúlalas también a los miembros de tu equipo. Asegúrate de dejar claro que las respuestas a estas cuestiones no están relacionadas con el trabajo, al menos no inicialmente.

Sin embargo, lo siguiente que querrás preguntar es cómo estos intereses apasionados pueden encontrar una aplicación en el puesto de trabajo. ¿Cómo puede beneficiar tu interés a la rentabilidad de la empresa, lo que a su vez también impulsará tu carrera? Ten en cuenta, sin embargo, que probablemente no eres la única persona en el mundo, o ni siquiera en tu empresa, que posee esos talentos. ¿Cómo puedes ser único? ¿Cómo puedes ser mejor? Cuando revisas el entorno empresarial, ¿qué puedes ver? ¿Dónde encajas? ¿Dónde ves oportunidades? Estas son preguntas importantes, y son cuestiones que las personas que son asertivamente curiosas por naturaleza se plantean con el fin de establecer sus metas.

Pienses lo que pienses sobre las metas, existen otras preguntas que deberías formular. Estas cuestiones se centran en los temas de tiempo que hemos visto hace un momento. ¿Cuánto te llevará alcanzar tus metas? ¿Cómo medirás tus progresos durante ese período?

Una vez hayas identificado tus talentos, los hayas traducido en metas específicas, y los hayas situado en un marco temporal, aún quedan algunas preguntas que plantear. Asegúrate de consultar con tus colegas y colaboradores. ¿Qué piensan de tus metas? También es una oportunidad para preguntarles sobre sus propias aspiraciones.

Siempre que pienses en las metas, ya sea para ti como individuo o para tu equipo, ten presente que alcanzar tus objetivos será difícil. Si no son difíciles, te deberías preguntar si en realidad son metas que valgan la pena. Una meta de verdad debe ser dura. Debe poner a prueba tu voluntad. Debe presentarle retos a tu resolución. Cuando eso ocurra, ¿redoblarás tus esfuerzos o saldrás corriendo en busca de refugio?

En último lugar, hay una pregunta muy profunda que debes formularte: ¿tus metas están impulsadas por el ego o por sentimientos más elevados? ¿Tu meta es superficial, o realmente va a beneficiar tu trabajo y tu vida? Aquí la idea clave es la mejora. Cuando alcances la meta deberías ser mucho mejor que antes. Esto no significa únicamente que ganarás un salario mayor. Aunque más dinero es desde luego muy importante, también puede haber intangibles que mejorarán tu situación después de alcanzar la meta. ¿Cuáles son esos intangibles? ¿Cómo los puedes identificar y utilizar para aumentar tu motivación? ¿Cómo te pueden sacar de donde estás ahora y llevarte a donde realmente quieres y necesitas estar?

Alcanzar tus metas

Aunque dedicar tiempo a las metas y al establecimiento de metas es algo usual en libros de desarrollo personal o de formación directiva, las metas muy rara vez se relacionan con ideas como asertividad o curiosidad. De hecho, la propia importancia de fijar metas ha llevado a que sea analizado de maneras muy predecibles. La gente pregunta: «¿Cuáles son tus metas?» y parece que quien pueda presentar la lista más larga, gana. Pero ese no es realmente el tema. Establecer una lista de metas puede ser divertido, pero no tiene demasiado sentido listar todas las cosas que quieres cuando es posible que no las consigas nunca. Lo que la gente verdaderamente necesita preguntar es: «¿Qué vas a hacer para asegurarte de que alcanzarás tus metas?». Eso es curiosidad asertiva.

Demasiada gente trata la fijación de metas como si fuese partir hacia las vacaciones soñadas, sin un mapa que indique cómo alcanzar el destino. Una cosa es soñar adónde quieres ir, pero tienes que saber si vas a ir al norte o al sur. Los mapas, por supuesto, se encuentran habitualmente en papel o en la actualidad también en la pantalla de las computadoras, en un GPS o en los celulares. Deberás utilizar todos estos medios para dar el paso importantísimo de escribir tus metas. Las deberás redactar no sólo como notas informales sino también como un plan de acción organizado con todo cuidado. Hazlo para ti, y anima a los miembros de tu equipo a que hagan lo mismo.

Ajusta tus metas a tus valores

Cuando empieces a anotar tus metas, asegúrate de que son cosas que deseas realmente. Asegúrate de que no sea simplemente algo que suene bien o algo que creas que deberías querer. Cuando fijes las metas, recuerda que deben ser consistentes con tus valores. Si no sabes cuáles son realmente tus valores, ahora es un buen momento para preguntarte sobre ellos de una forma asertivamente curiosa. Haz lo mismo para los miembros de tu equipo. Al animarlos a que apunten sus metas, anímalos también a que reflexionen sobre lo que creen y sobre cómo llegaron a tener dichas creencias. De esta forma, la fijación de metas se puede convertir en una poderosa habilidad interpersonal.

Por ejemplo, si alguien en tu equipo afirma que quiere triplicar sus ingresos, no dudes en elogiar su ambición. Después le tienes que preguntar hasta qué punto está dispuesto a trabajar duro para alcanzar esa meta. ¿Está dispuesto a venir a trabajar los fines de semana, por ejemplo, para elaborar una presentación nueva o para realizar una investigación independiente? Quizá pasar ese tiempo adicional en la oficina resulte contradictorio con otra meta, como estar con la familia todo el tiempo posible.

Es una buena idea preguntarte a ti mismo sobre tus metas en al menos seis áreas diferentes de tu vida: tu trabajo, tu familia, tus finanzas, tu salud física, tu educación y tu perspectiva espiritual. Al ganar claridad en cada una de estas áreas, te convertirás en una persona más completa y descubrirás que tus habilidades al tratar con otras personas también se ven fortalecidas.

Fija tus metas en positivo

Anota siempre tus metas en positivo en lugar de en negativo. Una vez más, hazlo tú y anima a los demás a hacer lo mismo. Piensa en lo que quieres, no en lo que quieres dejar atrás. Parte del motivo para apuntar tus metas es crear un conjunto de instrucciones para que las pueda llevar a cabo tu subconsciente. El subconsciente es una herramienta muy eficiente pero algo limitada. No es capaz de distinguir entre pensamiento y realidad física, y no realiza juicio entre bien y mal. Su única función es llevar a cabo tus instrucciones. Cuanto más positivas sean las instrucciones que le das, más positivos serán los resultados que obtengas. Esta es una premisa básica de todas las formas de desarrollo personal, incluyendo el desarrollo de las habilidades interpersonales. Asegúrate de prestarle la atención que se merece.

Anota metas detalladas

Por la misma razón, cuando anotas una meta asegúrate que lo haces con todos los detalles posibles. Si tus metas parecen esquemáticas en tu cabeza, es que hay algunas preguntas asertivamente curiosas que aún te tienes que plantear. En lugar de escribir «Quiero que me den más responsabilidades en mi empresa», anota «Quiero convertirme en el director de recursos humanos en los próximos cinco años, de manera que pueda aumentar la diversidad de nuestra fuerza de trabajo». De este modo estás dando a tu subconsciente una serie detallada de instrucciones con las que puede trabajar. Cuanta más información le des, más claro será el resultado final. Cuanto más preciso sea el resultado, más eficiente puede ser el subconsciente. En este sentido, la mente es un poco como una empresa. Necesita un buen plan de negocio antes de poder actuar con eficiencia. Tu lista de metas es para tu mente simplemente un negocio en el que puede invertir y para el que puede trabajar. Si puedes ver la meta que quieres alcanzar cuando cierras los ojos, tu corazón y tu alma también la pueden «ver».

Supón que te piden que anotes la cantidad más grande de dinero que crees que puedes ganar en los próximos doce meses. Cuando empieces a hacerlo, quizá te salten a la mente cifras muy grandes; cifras que parecen muy poco realistas. Es posible que pienses: «Puedo ganar un millón de dólares, o dos millones de dólares». Pero es demasiado intimidante, así que no lo escribes.

¿Qué nos dice esto? Si te atemoriza incluso escribir el número, considera cuánto más te asustará hacer que eso ocurra en realidad. Tus reticencias y las dificultades que estás teniendo son indicios de que hay algo de verdad en la cifra aparentemente descabellada que ha entrado en tu mente. Aunque no se base en circunstancias materiales del momento presente, no es necesario que se base en circunstancias físicas. Tus pensamientos, después de todo, son el principio, y el principio real de cualquier cosa no se fundamenta en circunstancias físicas. Cuando el primer avión alzó el vuelo, ¿se elevó sobre Kitty Hawk, Carolina del Norte, o en las mentes de los hermanos Wright?

Conseguir una victoria sobre el observador imaginario

Ahí se encuentra la verdadera dificultad que encuentra la gente cuando le piden que formule metas específicas, en especial por escrito. Quizá nos han dicho que sólo es para nosotros, que nadie más va a ver ese número, pero realmente no nos lo creemos. Para la gran mayoría de las personas, existe una persona imaginaria que mira por encima de tu hombro. Esta persona imaginaria ve el número que has escrito y dice: «¿Estás loco? ¡Nunca conseguirás ese dinero ni en cien vidas!». Así dejamos que la persona imaginaria tome la decisión por nosotros. Lo hacemos sin darnos cuenta de que es igualmente una expresión de nuestra imaginación, como lo son el millón de dólares o los cincuenta millones de dólares que hemos estado tentados de anotar. Como se trata de una expresión negativa, estás mucho más dispuesto a creerla. ¿Por qué ocurre eso?

No dejes que este observador imaginario tome por ti decisiones que te limiten. Sé consciente de que el observador imaginario no tiene más base real que lo que aparece en tus sueños más descabellados. Lo importante es lo que crees, o incluso lo que quieres creer. Centra tu atención en lo que deseas antes de invitar al portavoz imaginario de la «realidad».

Seamos muy claros con esto. Si crees que algo es posible, incluso en tus sueños más descabellados, se trata de una meta por la que vale la pena luchar. La única condición es que en un nivel muy primario debes creer que es posible. Debes ser capaz de tomarlo en serio aunque no te puedas imaginar que nadie más pueda hacerlo. A continuación, para convertirte en un maestro de las habilidades interpersonales, debes ser capaz de engendrar ese poder de creer en todos los que te rodean. La habilidad de trasladar lo que tienes en tu mente a la mente de los demás es la verdadera definición de comunicación.

En el siguiente capítulo pasaremos de plantear las preguntas correctas a compartir las mejores respuestas. Nuestra atención se trasladará de la curiosidad asertiva a la comunicación asertiva.

PASOS A SEGUIR

1. El contacto frecuente es la clave para tu éxito y el de tu equipo. ¿Tienes establecidas reuniones semanales tanto con tus subordinados como con tus superiores? Si no es así, dedica algún tiempo a hacerlo, quizá redactando un informe para los implicados, incluyendo una propuesta de días y horas para las reuniones, y lo que pretendes conseguir con ellas.

2. Muchos de nosotros somos con frecuencia más negativos de lo que nos damos cuenta. Podemos gastar una gran cantidad de tiempo y energía constatando lo que «no queremos» en nuestras vidas en lugar de lo que queremos. Durante un día, toma nota de cada vez que expresas algo que no quieres en tu vida. Anota tanto las quejas verbales como las que te pasan por la cabeza. Una vez hayas anotado esta tendencia, tómate un momento para comprobar lo opues-

to (lo que quieres) en afirmativo. Apunta cualquier cambio que hayas experimentado en tu vida mientras sigues practicando este ejercicio.

3. Toma una gran hoja de papel y date permiso para pensar a lo grande al plantear la lista de tus grandes deseos. Apunta todas y cada una de las ideas que surjan, sin filtrar nada de lo que surja de esta tormenta de ideas. Después dedica algún tiempo a convertir estos deseos en metas, fijar acciones a emprender, plazos y resultados deseados. Finalmente, durante cinco minutos cada día al menos durante veintiún días, imagina que estas metas se realizan. Sumérgete en la experiencia y date permiso para disfrutar totalmente de la experiencia.

NOTAS DEL PLAN DE ACCIÓN

Cualquier idiota puede criticar, condenar y quejarse...
y la mayoría de los idiotas lo hacen.

Dale Carnegie

CAPÍTULO 7
De la curiosidad a la comprensión

Vivimos en una sociedad que tiene en muy alta estima las habilidades comunicativas. También nos hemos vuelto muy sofisticados en la forma en que expresamos dichas habilidades. Nos gusta la gente que es capaz de expresarse bien, pero también nos damos cuenta de que hay más de una forma de hacerlo. Ronald Reagan era conocido como el Gran Comunicador, pero el presidente Barack Obama también es un comunicador extraordinario, con un estilo que es diferente al de Reagan o al de cualquier otro.

A la luz de esto, ¿es posible extraer algunas conclusiones generales sobre lo que implica realmente una buena comunicación? Sí y no. Existen ciertos principios que subyacen a toda comunicación efectiva, pero un número casi infinito de formas en que se pueden aplicar dichos principios. De hecho, existen casi tantas formas de aplicar los principios como personas que los aplican.

Si te encuentras en una posición de liderazgo y responsabilidad, saber cómo tratar a la gente es tan importante como los conocimientos técnicos o administrativos. Los directivos eficaces son en parte trabajadores y en parte diplomáticos. Comprenden que trabajar con los demás requiere cierta destreza y se mantienen fieles a las palabras de Dale Carnegie: «Cuando trates con personas, recuerda que no estás tratando con criaturas lógicas, sino con criaturas emotivas, criaturas llenas de prejuicios, y movidas por el orgullo y la vanidad».

Estas son algunas de las reglas cardinales de la comunicación en el lugar de trabajo. Para dominarlas de verdad, debes internalizarlas y convertirlas en parte de ti mismo. Hacer trampas durante el proceso no te va a llevar muy lejos.

Llama a las personas por su nombre. Es el sonido más dulce para el oído de cualquiera. Cuando utilizas un nombre propio, personalizas el mensaje; se convierte en su propiedad. También transmite que te preocupas y que recuerdas a esa persona. Se trata de una herramienta engañosamente simple para bajar la guardia de la gente, pero establece un lazo. Salpica tus frases con nombres propios y empieza con ellos las preguntas: «Steve, ¿cómo va todo?».

Admite tus equivocaciones. Puedes pensar que te desprestigias cuando reconoces un error. Pero no es así. Reconocer los propios errores en el lugar de trabajo es uno de los actos más honorables, porque muy poca gente lo hace. Aprende a dejar de lado tu ego y admite que no eres perfecto. Pero no te pases haciéndolo en un e-mail general a toda la oficina o derramando excusas durante una reunión. Un sencillo «He cometido un error y me doy cuenta de ello» es lo único que se requiere.

Ten a las personas en alta consideración. Cierto número

de personas, habitualmente calificado como «fanáticos del control», parece que creen que nadie excepto ellos puede hacer las cosas de forma competente. No seas uno de ellos. Confía en las habilidades de los demás. De hecho, confía en que realizarán la mejor labor posible. No se trata de tener unas expectativas demasiado elevadas. Creer en una persona la anima a dar lo mejor de sí para no decepcionar. Al mismo tiempo, ten paciencia con los que aún no dominan una tarea nueva.

Muestra un interés sincero. Todo el mundo tiene tras de sí una rica historia de intereses y experiencias. Descubre las de los que te rodean, incluso si crees que no tienes nada en común. Si un colega comenta que le gustan los juegos on-line, pregúntale sobre ello. Intenta comprender sinceramente las razones de esa afición. Si expresas una curiosidad sincera, no sólo aprenderás algo nuevo, sino que te costará muy poco esfuerzo recordar lo que has aprendido de esa persona. A la gente le gusta que la recuerden.

Reparte elogios. No digas sólo: «Buen trabajo». Sé específico en tus elogios y demuestra que sabes lo que la otra persona ha hecho en realidad. «Has conducido muy bien la reunión, Mike, especialmente cuando todo el mundo estaba distraído» es un buen ejemplo. Al mismo tiempo, sé parco con las críticas. Cuando sea necesario rectificar o proporcionar una opinión sincera, hazlo de forma diplomática y delicada. Voveremos sobre esto más adelante en este capítulo.

Mantén tu palabra. No digas que vas a hacer algo si no tienes intención de hacerlo. Tu credibilidad depende mucho de tu palabra. Si flaqueas en tus promesas, no te confiarán tareas importantes, y no avanzarás demasiado en tu carrera.

Demuestra gratitud. Si alguien te hace un favor o se toma molestias en hacer algo por ti, asegúrate de que elogias su esfuerzo. No estás destinado automáticamente a que te hagan favores, y nadie te debe ese esfuerzo adicional. Si recibes uno, da las gracias a la persona y ofrece algo a cambio.

Sé considerado. No des nunca por sentado que la gente tomará tus palabras al pie de la letra. Naturalmente, algunos pesarán cada palabra que pronuncie una persona en busca de una afrenta personal. No puedes cambiar a esa gente, pero cuando estés a su alrededor, puedes estructurar con cuidado tus frases. Piensa antes de hablar y asegúrate de que no existe ninguna ambigüedad que se pueda malinterpretar.

Al hacer el esfuerzo de comprender el punto de vista de los demás, estás evitando las malas interpretaciones. Puedes creer en tu fuero interno que tienes razón, pero ten presente que los demás piensan lo mismo de sus ideas y creencias. Debes respetar sus opiniones y ver por qué piensan como lo hacen. En lugar de discutir, pide a los demás que expliquen su posición. No tienes que estar de acuerdo, pero puedes decir: «Comprendo por qué dices eso».

Entrégate. Sal de vez en cuando de los límites de tu puesto y ayuda a los demás con sus tareas. Hazlo sin que te lo pidan. Decir «¿Necesitas que te eche una mano?» tiene un efecto doble. En primer lugar, animas a los demás a que lo hagan, creando un ambiente de trabajo más positivo. En segundo lugar, haces que en el futuro te deban un favor, porque la amabilidad siempre se devuelve.

Sé humilde. Los esfuerzos obvios para impresionar a tus colegas y supervisores tendrán el efecto contrario. A nadie le gusta un trepa. Si estás ansioso por que se reconozcan tus logros, sólo tendrás que ejercer la paciencia. Tus logros conseguirán una aprobación genuina si dejas que la gente los descubra en lugar de lanzárselos a la cara. Y si no das importancia a tus éxitos, serás aún más respetado por tu humildad.

Ayuda a los demás a salir bien parados. Todo el mundo mete la pata. Piensa en la última vez que cometiste un error embarazoso. ¿No te habría gustado que apareciera alguien que rebajase la seriedad del mismo? Entonces, haz lo mismo por los demás. Ríete del paso en falso de la persona (no de él) con una palmada amistosa en el hombro: «Eso nos pasa a todos». Asegúrale a él y a los demás que no es el fin del mundo. Si resulta apropiado, no digas nada en lugar de atraer una atención innecesaria sobre el error.

LO PRIMERO ES LO PRIMERO

Si consideramos las situaciones en que las habilidades comunicativas son muy importantes, de inmediato nos vienen a la mente determinadas ocasiones. Por ejemplo, cuando te presentan a alguien, resulta natural que quieras transmitir una impresión positiva. ¿Te han promocionado a un nuevo puesto en tu empresa? Quizás has cambiado de trabajo y estás a punto de conocer a un grupo de colegas nuevos. O simplemente estás en un acto social en el que debes presentarte a unos potenciales nuevos amigos. No importa la situación, una buena primera impresión resulta esencial si quieres entrar con buen pie.

CUANDO EL «AIRE NUEVO» ERES TÚ

En un contexto laboral, lo habitual es que tengas la oportunidad de presentarte individualmente a los miembros del equipo así como al grupo en conjunto. En general, es una buena idea encontrarse con cada uno de ellos de forma individual y en una reunión de grupo más formal.

Si te encuentras en una posición directiva, ten en cuenta que el cambio puede desestabilizar a las personas que ahora vas a supervisar. Puede haber sospechas de que vas a cambiar totalmente las formas de trabajar, y eso puede ser incluso verdad. Es como si entrase un extraño en tu casa y empezase a cambiar los muebles. Estás autorizado a ponerte al mando, pero hay formas correctas y erróneas de hacerlo.

Empieza haciendo saber a tu equipo que estás siempre abierto a comentarios y sugerencias. También es una buena idea descubrir qué tipo de formación de equipo o de ventas les han dado hasta ese momento. Al descubrir lo que tu equipo ya sabe y hace, puedes avanzar con mayor confianza y conocimiento.

Es perfectamente comprensible que cualquier directivo o líder nuevo quiera dejar su propia marca. Pero si lo emprendes sin ver cómo se han hecho las cosas en el pasado, puedes acabar dando una primera impresión muy débil. Sólo tendrás una oportunidad. Por esta razón, puede resultar provechoso dedicar algún tiempo a ver cómo trabaja el equipo antes de poner en práctica cualquier cambio. Dedícate a conocer a la gente y a ver cómo hacen las cosas. Es posible que ya tengan grandes ideas para hacer cambios, en las que tú no habías pensado.

Después de dedicar tiempo a conocer a la gente, puedes seguir con tus propias expectativas de cómo ves al equipo trabajando junto. Recuerda que posiblemente estés tomando el relevo de alguien que tenía un estilo de liderazgo muy diferente. Todo lo que puedas hacer para facilitar este proceso será de gran ayuda. Por eso presta atención a tu primera impresión. Sólo vas a tener una oportunidad.

Aquí van algunos consejos finales para conseguir comentarios constructivos:

- Responde a la pregunta «¿Cuándo?». Los comentarios efectivos son sensibles al tiempo, al lugar y a la situación. Prepara por adelantado lo que tienes intención de decir, marcando los temas específicos con lo que planeas decir exactamente. Precede tus comentarios con una advertencia, para que a nadie le pille con la guardia baja.
- Responde a la pregunta «¿Dónde?». Realiza los comentarios en privado si es posible.
- Responde a la pregunta «¿Qué?». El contenido del comentario y cómo se expresa son elementos cruciales. Los comentarios deben ser constructivos y específicos. Céntrate cada vez en un área a mejorar. El comentario genuinamente constructivo es claro, objetivo y específico. Evita los comentarios generales. Céntrate en capacidades o prácticas que están bajo el control de la persona. Sé descriptivo más que inquisitivo. Evita el uso de palabras extremas como *siempre* y *nunca*. Nunca es fácil expresar comentarios negativos, pero combinar la crítica con el elogio siempre hace que sean más efectivos.

- Responde a la pregunta «¿Quién?». Realiza los comentarios de forma individual y ofrece siempre al miembro del equipo la oportunidad de responder. La buena comunicación no es una calle de sentido único. Si la persona siente la necesidad de defenderse o explicar sus acciones, deja que lo haga. Después, trabajad juntos para encontrar una solución consensuada.

- Sabe cómo pedir opinión y sabe cómo darla a cambio. Dar y recibir una respuesta honesta es una habilidad comunicativa clave. Un enfoque muy útil se conoce como E-A-E, o «Elogia, Aconseja, Elogia». Primero expresa un cumplido sincero, después sigue con sugerencias prácticas para mejorar y cierra con otro cumplido. En cada paso, la clave es la empatía y la sinceridad.

Siempre que se trate de comunicación interpersonal ten presente que lo que crees que es la verdad es algo subjetivo. Lo que te puede parecer poco efectivo, inapropiado o incluso desagradable, puede ser perfectamente aceptable o deseable desde el punto de vista de otra persona. Por eso es importante equilibrar los comentarios constructivos que expreses con la ayuda generosa del elogio sincero. Recuerda que la actitud del orador influye en la actitud del oyente, que a su vez conduce a una acción por parte de ambos.

EXPRÉSATE CON CLARIDAD

Si has asistido últimamente a una conferencia o a una clase, habrás visto que habitualmente se pide a los asistentes que apaguen sus celulares antes de que empiece el primer orador. Pero, ¿qué ocurriría si, en lugar de pedir que se apaguen los teléfonos, se pidiera a la audiencia que pusiera al máximo el sonido de llamada? Es casi seguro que se produciría una intrusión molesta cada pocos minutos. De hecho, probablemente se producirían muchas al mismo tiempo.

Algo muy parecido ocurre cada vez que conversas con otra persona. Es posible que no lo oigas, pero el «teléfono mental» de esa persona suena muchas veces cada minuto y puede haber ocasiones en las que la persona incluso conteste y mantenga toda una conversación interna. Tú ni siquiera lo sabes, porque sigues hablando. Probablemente tú haces lo mismo. Parece que estás escuchando a la persona que tienes sentada delante de ti, pero en realidad estás escuchando a alguien completamente diferente.

La mente humana sólo puede recibir cierta cantidad de información en un momento dado. De una u otra forma —ya sean imágenes, sonidos o visiones mentales—, entran mensajes durante todos los segundos del día. Para conseguir toda la atención de alguien en medio de este bombardeo, tu comunicación tiene que ser clara, directa y específica. Aquí van algunas indicaciones para que eso ocurra:

Tómate tiempo. Cada persona es diferente; sin embargo, la gente es en general sorprendentemente la misma. Cada uno de nosotros es un tipo y un individuo, con tantas similitudes como diferencias. Para comunicar de forma efectiva, el primer requisito es conocer qué cualidades compartes con la otra persona y cuáles te separan de ella, y esto lleva algún tiempo. Demasiada gente da por sentado que sabe todo lo que necesita saber sobre otro ser humano. Sencillamente, empiezan a hablar. Si tienes algo importante que decir a un nuevo conocido —ya sea una contratación reciente en tu departamento o el entrenador nuevo del equipo de fútbol de tu hija—, no asumas que ya sabes todo lo que necesitas saber sobre esta persona. Esto es especialmente cierto cuando te encuentras en una posición de liderazgo, como jefe de departamento o jefe de ventas.

Sé franco sobre lo que necesitas. Esto es muy importante tanto en la comunicación profesional como en la personal. Necesitas ser asertivo pero no agresivo, franco pero no prepotente. Supón, por ejemplo, que crees que ha llegado el momento de pedir un aumento. Esta es una petición que suscita algunos aspectos comunicativos delicados que será necesario que manejes correctamente. No se trata simplemente de entrar en el despacho de tu superior y expresar tu deseo (o incluso tu necesidad) de más dinero. Esto se tiene que hacer con respeto y planificación, y debe empezar mucho antes de que presentes la petición formal. Semanas o incluso meses antes de reunirte con la persona que toma la decisión, debes empezar a preparar tu caso.

Crea un rastro de papel. A medida que preparas tu caso, un buen punto de inicio es mantener un registro escrito de todas las tareas que has completado para tu jefe, ya sea algo intrascendente o monumental. Si has sido inteligente, habrás mantenido un registro de tareas desde el principio. Los hitos que hayas completado documentarán tu petición de un aumento de salario. Básicamente, le estás pidiendo a tu empleador que aumente sus costos, y vas a tener que presentar una justificación irrebatible para ello.

Piensa en ti mismo como un abogado que presenta sus

alegatos ante un juez y un jurado. Has preparado un caso para conseguir una decisión favorable para tu cliente, pero resulta que ahora el cliente eres tú mismo. Tu jefe no se va a tomar tu petición en serio si tú no te la tomas en serio. Por eso dedica una cantidad considerable de esfuerzo y tiempo a preparar tu defensa. No te guardes nada. ¿Se te ocurrió una idea que ahorró a la compañía miles de dólares durante el año pasado? Eso es estupendo, pero no olvides tampoco que te disfrazaste de Papá Noel para la fiesta de Navidad de la empresa, y encuentra una forma de dejarlo caer en la conversación.

Dejando de lado los datos que presentes en apoyo de tu petición, la forma en que presentes tu caso también es importante. En este aspecto son muy importantes la claridad y la calma. No importa el resultado de tu petición de aumento, mantén un sentido de la dignidad y del orgullo profesional. Si presentas una petición de verdad legítima, recibirás lo que te mereces, ya sea ahora o un poco más adelante.

En conversaciones más personales, la documentación es mucho menos importante que ser directo y sincero. La mayor parte de la gente en realidad no quiere oír hablar de la historia de sus relaciones. No quieren que cuentes lo que se dijo en las Navidades de hace dos años o las promesas que se hicieron en la playa al atardecer. Resulta mucho más efectivo centrarse en el presente y en el futuro. Pero una cosa siempre es cierta sin importar con quién estés hablando o con qué objetivo: tienes que haber identificado tus necesidades en tu cabeza y tienes que ser capaz de expresarlas con claridad. Si no lo consigues, sabrás que has hecho todo lo que has podido. Pero si realmente haces todo lo que puedes, las probabilidades de que lo consigas son mayores.

PARA RESOLVER CONFLICTOS, SÁCALOS A LA SUPERFICIE

La mayoría de nosotros no ha nacido sabiendo cómo se gestionan los conflictos. Lleva años de práctica y la práctica puede ser dolorosa. Pero el primer paso para la resolución del conflicto es que se presente en su totalidad. Tus empleados o incluso tu esposa pueden albergar resentimientos contra ti. Una vez que estos oscuros secretos han salido a la luz, ¿cómo debes proceder?

Mantén la calma. Puede ser muy tentadora la idea de desahogarte o hacerte valer. Pero una vez que te has enfadado, resulta muy fácil perder la concentración y estar más interesado en la batalla que en un resultado positivo. Si quieres manejar el conflicto con eficacia, necesitas estar completamente centrado.

Fomenta la comunicación. El silencio puede ser oro, pero el silencio no hace avanzar las cosas cuando existe un conflicto. Resulta esencial animar a la comunicación verbal, y la mejor forma es escuchando con atención.

Busca un resultado en el que todos salgan ganando. Cuando se parte de una situación de conflicto, lo más probable es que el pronóstico inicial sea de victoria-derrota. En ese punto, sólo se trata de una cuestión de quién saldrá victorioso. La opción victoria-victoria, por el otro lado, es una solución a la que pueden acceder todas las partes sin tener la sensación que alguien ha perdido. Encontrar esta solución empieza con la convicción de que existe en realidad y que es posible alcanzarla. Por esto es necesario que seas capaz de motivar a tu equipo si quieres crear un ambiente de trabajo productivo. Si combinas buenas prácticas de motivación con un trabajo significativo, metas de actuación y el uso de un sistema de recompensas efectivos, puedes establecer el tipo de atmósfera y cultura que necesitas para alcanzar la excelencia. Cuanto más capaz seas de unir estos factores, mayores serán los niveles de motivación de tu equipo. Se trata de una victoria para ti, para ellos y para tu organización.

Establece las reglas básicas. Cuando la gente empieza a afilar los cuchillos, es importante fijar algunas reglas básicas o acuerdos de lo que es aceptable para resolver el tema. Estas reglas básicas necesitan más bien del acuerdo colectivo en lugar de ser impuestas por alguien, incluso por ti.

Responde, no reacciones. Cuando alguien se «mete» contigo, el reto es mantener la compostura y la paciencia. No te pongas a la defensiva como un acto reflejo. Da a la otra persona la oportunidad de exponer sus preocupaciones, e incluso su enfado, en toda su extensión. Cuando haces esto sin reaccionar, ganas un poder tremendo en el intercambio, porque la persona que se enfada sola siempre es la perdedora. Como táctica interpersonal, el enfado sólo funciona si ambas partes se dejan llevar por él. Si te niegas a participar en el juego, eres automáticamente el ganador. Por eso, ten el valor de mirar a la cara a la verdad sin temor o vergüenza, porque la verdad te hará libre.

ELOGIO: EL ARMA SECRETA

En muchas culturas empresariales, el elogio público es bastante raro porque la mayor parte de la gente no sabe cómo hacerlo bien. Cuando se da sólo como un intento de complacer a los demás o para destacar uno mismo, la adulación es bastante pobre. Pero expresado con inteligencia y sutileza –perspicaz, específico y empático– el elogio puede hacer milagros.

La verdad es que no hay nada más potente en la comunicación humana que un cumplido bien colocado, pero pocas personas saben cómo sacar partido de ello. La regla principal de la adulación es que debe ser perspicaz, específica y empática. Esto significa que no puede ser un peloteo genérico. En la práctica, significa darse cuenta de algo que al otro se le ha pasado por alto. Para distinguir tu elogio de un simple comentario amable, debes dar los siguientes pasos.

Reparte cumplidos específicos. Comprende lo que pone nerviosa a la gente y céntrate en repartir elogios que la tranquilice en esos aspectos. Para un líder empresarial, puede consistir en dirigirse e inspirar a una multitud de subordinados. Para una secretaria, puede ser el conocimiento del protocolo de la oficina. Para un escritor, es posible que sea su habilidad con las palabras. Necesitas prestar atención a donde se encuentra la falta de confianza de cada persona. Después reparte cumplidos de la forma más natural posible.

Calcula el momento de tu elogio. Expresar un cumplido y mostrar aprecio es normalmente más efectivo inmediatamente después de que alguien haya hecho algo para merecerse el elogio. Justo después del hecho es cuando la gente está más nerviosa y ansiosa por escuchar que lo han hecho bien. Si dejas pasar el tiempo se tranquilizarán o se convencerán que lo hicieron bien y no necesitan la aprobación de nadie más. Calcular el momento también implica evaluar los ánimos del otro. Si ves a un colega en un aprieto, un cumplido bien formulado y sincero lo puede motivar y recordarle que su trabajo es realmente importante.

Mantén el cumplido a nivel profesional. En un entorno laboral, limita tus cumplidos a logros relacionados con el trabajo, puesto que esa es la función principal de la persona en la oficina. Elogiar a alguien por un buen chiste que ha enviado por e-mail no cuenta.

Elogia a tu jefe con cuidado. Elogiar a los directivos requiere tacto. En general, es mejor hacerlo de forma tangencial que directamente. Elogia a tu jefe delante de los demás. También puedes utilizar a tu favor la rumorología de la oficina. Habla bien de tu jefe ante los demás en la oficina. Explícales lo agradable que es trabajar para esa persona (¡sólo si es verdad, por supuesto!). La siempre fiable «radio pasillo» transmitirá tus palabras al jefe de forma inmediata. Para un táctico de verdad, una buena vía para elogiar a los directivos es conocer sus intereses y entablar conversación sobre ellos. Pocas personas esperan que los demás compartan sus mismos gustos. Hacer esto puede ser muy halagador.

Los elogios tienen que ser valiosos. ¿Por qué es caro el platino? Porque existe en cantidades muy pequeñas. Tus cumplidos deben ser raros si quieres que tengan algún efecto. Multiplícalos y la gente no sólo esperará tu halago, sino que no le afectará. Los cumplidos también son más valiosos si son honestos. Necesitas desarrollar una reputación de honestidad discreta. Cuando te hayas convertido en una fuente de información fiable, tus elogios llegarán más lejos.

REALIZA CAMBIOS CUANDO LAS RELACIONES SE VUELVAN IMPRODUCTIVAS

En pocas palabras, enfréntate al hecho de que a veces te tienes que alejar de una relación que se ha convertido en excesivamente tóxica. Pero este paso drástico normalmente se puede prevenir con ajustes mucho menos drásticos. Si estás preocupado por cómo se desarrollará una reunión, por ejemplo, es posible que sea una buena idea encontrarse en un sitio neutral en el exterior, mejor que en el despacho del jefe o en una sala de reuniones. A veces significa trasladar la reunión de justo después de almorzar a primera hora de la mañana siguiente, cuando las mentes estarán más despejadas. También puede significar aumentar tu nivel de asertividad para asegurarte de que se capta lo que quieres decir. A veces puede significar invitar a otros a la reunión de manera que la otra persona capte los resultados de sus actitudes o acciones.

Y si todo lo demás falla, prepárate para seguir adelante.

PASOS A SEGUIR

Muchos de los principios que Dale Carnegie recogió en *Cómo ganar amigos e influir sobre las personas* se aplican directamente a la comunicación. Marca el principio que personalmente representa el mayor reto y comprométete a empezar a aplicarlo de inmediato. Anota los beneficios que te aporta este nuevo enfoque.

- Para salir bien parado de una discusión, evítala.
- Muestra respeto por las opiniones de los demás. Nunca le digas a nadie que está equivocado.
- Si estás equivocado, admítelo con rapidez y de forma empática.
- Empieza de forma amistosa. Consigue que la otra persona diga sí de forma inmediata.
- Deja que el otro lleve el peso de la conversación.
- Deja que el otro crea que la idea es suya.
- Intenta honestamente ver las cosas desde el punto de vista del otro.
- Sé comprensivo con las ideas y deseos de la otra persona.
- Apela a motivos nobles.
- Dramatiza tus ideas.
- Habla con suavidad.
- Mantén un lenguaje corporal abierto.
- Sostén un contacto visual suave.
- Sonríe de forma apropiada.
- Mantén una distancia física apropiada.
- Mantén una postura de atención; inclínate ligeramente hacia delante.
- No interrumpas.
- Y si no se puede evitar la confrontación, no te empeñes en obtener una rendición incondicional. Deja siempre al otro una salida para una retirada honorable.

NOTAS DEL PLAN DE ACCIÓN

CAPÍTULO 8
Etiqueta:
Hoja de ruta para tener don de gentes

La etiqueta es sólo otro nombre para los modales, y los modales son en realidad una forma abreviada de decir habilidades interpersonales. La etiqueta es un sistema de acciones y reacciones para «inter-actuar», que es tan aplicable en los entornos urbanos actuales como lo era en ambientes del pasado. Vivir en la gran ciudad puede estar muy bien, pero aprender las reglas no escritas de la vida en la ciudad lleva tiempo y una observación atenta. Al igual que en el campo, si eres educado y respetuoso, es muy probable que los demás sean educados y respetuosos contigo. Sin embargo, si no has asumido las reglas básicas de la etiqueta urbana, es muy posible que recibas algunas miradas muy desagradables.

En este capítulo vamos a ver algunos de los elementos y de los temas que requieren un conocimiento práctico de la etiqueta contemporánea. Algunos de ellos te pueden sorprender. Es posible que no te hayas dado cuenta de que hechos cotidianos como una conversación o ir a por café están gobernados por una «hoja de ruta», pero al final de este capítulo serás capaz de pasar tu examen de conducir y recibir el carné. Sólo tienes que prestar mucha atención a lo que sigue.

ETIQUETA DE LA CONVERSACIÓN

¿Qué se puede comentar en una conversación? La respuesta puede ser «cualquier cosa» siempre que estés hablando con amigos o familiares. Pero, ¿qué ocurre con las interacciones con colegas y colaboradores? En este caso tienes que ser un poco más cuidadoso.

Un tema no profesional seguro es aquel que no vaya a provocar un debate innecesario o ningún tipo de hostilidad si se plantea. Entre profesionales, temas populares de charla incluyen deportes, acontecimientos de actualidad, tu contexto personal y, por supuesto, tu trabajo. Si estás haciendo negocios, hablar del trabajo puede ser muy útil, pero la gente suele encontrar refrescante un poco de variedad. Si hablas de tu carrera, asegúrate de que no se convierte en chismorreo sobre tu jefe o colegas, excepto que tengas que decir algo realmente encantador sobre ellos.

Como en una conversación personal, una buena interacción profesional necesita fluidez para demostrar salud. Quizá seas una persona a la que realmente le gusta hablar. Eso está bien cuando estás en un ambiente social, pero para alguien que no te conoce demasiado bien, puede ser irritante en una situación de negocios. Pero puede ser peor. ¿Qué ocurre con una persona que monopoliza una conversación sin darse cuenta? Es como el mal aliento: ni siquiera tus amigos te lo van a decir.

Puedes evitar estas trampas utilizando un límite de tiempo definido para evitar parlotear innecesariamente. Si te preguntan algo, tu respuesta no debe ocupar más de sesenta segundos. Pero tampoco murmures unas pocas palabras. El objetivo es mantener una fluidez constante y captar la atención de tus compañeros. En una conversación telefónica, mantener la atención es de vital importancia porque no puedes ver a la persona con la que estás hablando. Esto hace difícil evaluar su nivel de atención. Cuando no estás hablando, deja que la otra persona termine su razonamiento sin intervenir e intentar terminarlo por ella. Cuando llega tu turno de palabra, esperarás que te otorgue la misma cortesía.

De la misma forma que tratas a tu compañero de conversación con respeto, asegúrate de que tratas a todos en la empresa de la misma manera. Esto incluye a todo el mundo, desde tus colegas en una reunión profesional a sus secretarias al teléfono. El mismo respeto para todo el mundo hace que tu sinceridad sea claramente visible. También existe una razón muy pragmática para ello. Aumentará las posibilidades de llegar a un miembro del consejo de dirección cuando la persona que tiene que filtrar la llamada hacia un contacto clave para el negocio tiene una asociación positiva contigo.

ESCUCHA CON ATENCIÓN

Se necesita práctica para escuchar, porque todo el mundo quiere hablar. Es como detenerse ante un semáforo o pagar los impuestos: escuchar no es algo que quieras hacer de entrada, pero puedes llegar a comprender que es necesario para conseguir un bien mayor. Si puedes evitar hablar tanto como un comentarista deportivo o un presentador de televisión, resulta facilísimo escuchar como un profesional. Escuchar te ayudará a conocer a la persona con la que estás hablando y avanzar hacia el establecimiento de un lazo sólido, que se convertirá en un hito para una relación de negocios saludable y fluida. Si puedes evitar las ganas de hablar demasiado y escuchas respetuosamente, tus palabras tendrán más importancia porque sonarán más altas y con mayor claridad en los momentos apropiados.

Más allá del acto básico de escuchar, el siguiente paso es hacer saber a la otra parte que estás escuchando, lo que también se conoce como escucha activa. Si estás hablando en persona, puedes utilizar el lenguaje corporal —contacto visual, movimiento de cabeza— en respuesta a lo que está diciendo. Intenta añadir siempre pequeños comentarios para subrayar sus argumentos y muestra aprecio y comprensión por lo que están diciendo. Piensa en ello como tu forma de compartir tu comprensión y tu nivel de atención con la persona que está hablando.

Escuchar es un poco más difícil si la persona a la que estás escuchando tiene poco que decir. Puedes apartarte de forma educada o colgar y dejar de perder el tiempo, pero a veces las personas están deseando abrirse. Puedes alentarlas formulando preguntas abiertas y utilizar palabras clave que indiquen tu interés en un tema y tu deseo de escuchar más detalles. Puede ser tan sencillo como decir algo como «Soy nuevo en promoción. Suena interesante. Me gustaría saber más» a un director de promociones de un socio comercial de tu empresa. Cuando lo haces, provocas que el otro se sienta cómodo y confiado con lo que está diciendo y estará más dispuesto a abrirse. Pero si no utilizas tu dotes de escucha activa, estás perdido.

ERRORES DE ETIQUETA EN LA CONVERSACIÓN

La forma en que hablas a los demás influirá mucho en *establecer tu credibilidad* o en hacer que la pierdas en un instante. En lo que se refiere a la conversación, lo peor de lo peor son los temas inapropiados, los chismes de oficina, interrumpir, o levantar la voz.

Te puedes sentir atacado si un jefe o un cliente está enfadado contigo, pero lo empeorarás si lo interrumpes y levantas la voz. Gritar e interrumpir tampoco es aceptable con colegas. Chillar en medio de la oficina para empezar una conversación distrae y avergüenza, mientras que interrumpir la conversación de otro para acicatearlo demuestra impaciencia y falta de respeto.

CONSEJOS DE ETIQUETA PARA LA CONVERSACIÓN

Tus conversaciones deben tener un objetivo limitado y no te debes salir de sus fronteras. Plantear preguntas básicas y prestar atención te conducirá hacia un terreno común y te permitirá alejarte de los tabúes. Mantén en privado tu vida personal y no chismorrees. En lugar de hablar sobre los demás, expresa cumplidos respetuosos sobre ellos. Si ellos hacen lo mismo contigo, agradéceselo siempre. No lo lamentarás.

Tras una discusión acalorada, los reproches no se pueden deshacer, de manera que cuando trates con un cliente o un directivo enojados, sé proactivo y resuelve el problema. En lugar de interrumpir o gritar, escúchales y no juzgues. Piensa en su preocupación principal y ofrece con calma algunas soluciones. Es probable que en su situación estuvieras igualmente alterado, así que imagina cómo te gustaría que te tratasen. Sé también considerado cuando empiezas una conversación con un colega. Intenta ir a verlo y si está ocupado, regresa más tarde o déjale un mensaje de voz.

EL SACRIFICIO

Con el poder profesional viene también la responsabilidad profesional. La habilidad de trabajar bien durante tu carrera es una necesidad, pero la capacidad para comportarte siempre de una forma profesional es igualmente esencial. Un desliz embarazoso te puede llevar a tener que empaquetar tus cosas y salir corriendo.

El siempre creciente manual de reglas de la etiqueta profesional hace difícil mantenerse al día, pero las siguientes meteduras de pata profesionales están universalmente condenadas. A continuación encontrarás cómo detectarlas y lo que puedes hacer para permanecer en la zona de seguridad.

Soltar palabrotas, invadir el espacio personal y las charlas innecesarias a través del celular encabezan la lista de los errores garrafales de comportamiento. (Por cierto, las transgresiones de la etiqueta no son buenas en ninguna parte, pero son más dañinas en el trabajo, donde la gente las presencia de cerca y de forma regular.)

No utilices palabrotas para reforzar un argumento. Te restará credibilidad y hará que parezcas infantil. Además de las palabrotas, colocarte demasiado cerca de un colega o estableciendo contacto físico con él tampoco es acertado. El ambiente de trabajo no es un lugar para la intimidad.

Aunque en un ambiente de oficina se aprecia más la comunicación que la intimidad, eso no debería incluir tu celular. Una llamada repentina durante una reunión o un almuerzo pueden ser irritantes, en especial si hablas en voz alta. Incluso tendrías que evitar un tono de llamada demasiado alto.

Elige siempre el humor por encima de las palabrotas, porque mantendrá la atención centrada en ti y te reconocerán tus esfuerzos. Cuando estás bromeando o sólo interactuando con alguien, mantén una distancia respetable de unos cuarenta centímetros, sonríe con frecuencia y salúdalo como señal de respeto.

Las conversaciones por el celular se pueden reducir mediante el control del identificador de llamadas y el buzón de voz, porque la mayoría de las llamadas son innecesarias. Anticípate a los llamantes potenciales y llámalos primero…, antes del trabajo. No contestes en una reunión y habla en voz baja si realmente tienes que responder a la llamada. No dejes el celular encima del escritorio o de la mesa del almuerzo.

ETIQUETA CON EL DINERO

Los negocios giran alrededor del dinero, ¿o no? En realidad, no. Los negocios son mucho más que dinero. Se trata de personas y el dinero es un vehículo importante para facilitar tu relación con las personas con las que trabajas. De hecho, temas relacionados con las finanzas personales surgen continuamente en el lugar de trabajo y te será de gran ayuda si sabes cómo manejarlos. En lugar de hablar de forma teórica sobre los temas de la etiqueta con el dinero, vamos a ver una serie de situaciones de la vida real y veremos cómo se pueden gestionar de la mejor forma posible. Algunos de estos ejemplos están claramente relacionados con el trabajo, otros claramente no, y otros parecen estar en los dos campos. Pero el dinero es siempre el dinero, así que lo mejor es estar preparados.

Alguien te invita a comer en un buen restaurante pero deja una propina muy pequeña. El servicio no ha sido extraordinario, pero tampoco ha sido malo. ¿Puedo añadir algo a la propina?

Depende con quién estés. Si tu anfitrión es un amigo íntimo o un pariente, le puedes decir: «¿Te importa si dejo un par de dólares? Probablemente no te has dado cuenta, pero nuestro camarero ha sido muy atento conmigo». Sin embargo, con alguien que no conoces muy bien, lo mejor es dejarlo correr. No querrás que te vea como un invitado desagradecido o inquisitivo.

Dos compañeros de trabajo están recogiendo dinero para hacer un regalo a un recién nacido. Eres nuevo en la empresa y en reali-

dad no conoces al receptor. ¿Tienes que aportar tanto como los más veteranos?

En absoluto. Pon lo que puedas y unos pocos dólares estarán bien. Las celebraciones en la oficina pueden ser tan frecuentes que contribuir a ellas puede ser una gran carga. Una solución: sugiere que tu grupo cree un fondo. Elige un mes para empezar y todo el mundo contribuye con una cantidad acordada. La cantidad resultante pagará las fiestas y los regalos durante el año siguiente. No más colectas, no más presión.

Tu hija te pide a menudo que patrocines diferentes actos de su escuela. Tú no dejas que tus hijos pidan nada con tanta frecuencia a vuestros familiares. ¿Cómo rompes el círculo?

Simplemente, di no. Te has convertido en el mejor cliente de tu hija, ¿por qué iba a dejar de pedir más? La próxima vez que pida, hazle saber que se ha acabado: «Danielle, estoy encantado de participar, pero debes saber que esta es la única contribución que puedo hacer este año». Nunca es demasiado pronto para aprender la diferencia entre un benefactor y un cajero automático.

Vives en una calle sin salida que termina en una gran extensión de césped, que los vecinos siegan por turnos durante todo el verano. Ahora algunas personas (tú incluido) quieren contratar un servicio de jardinería, pero otras se quejan del costo. ¿Y ahora qué?

Excepto que tengas una asociación de vecinos en la que funcione la regla de la mayoría, no puedes forzar a pagar a los que no están de acuerdo. En su lugar, acepta la decisión de todo el mundo y define a continuación qué semanas segará el servicio y qué semanas se harán cargo los hogares que no pagan.

Tu jefe de departamento va a celebrar un cumpleaños señalado, de manera que tres de tus colegas más jóvenes están haciendo una colecta para un regalo colectivo. ¿Debería dividirse el costo de forma igualitaria? ¿O tú, como persona más veterana y con el sueldo más alto, deberías poner más?

El costo se debería dividir de forma igualitaria. La cifra no será probablemente tan alta para que alguien pueda tener dificultades serias, e incluso podría resultar insultante sugerir que tus colegas no se pueden permitir una contribución igual a la tuya.

ETIQUETA AL TELÉFONO

Varios comentaristas han señalado que se han perdido más negocios por una mala comunicación telefónica que por cualquier otra razón. El teléfono es un medio muy precario. Algunos de los motivos resultan obvios. Cuando estás hablando por teléfono no tienes ni idea de lo que puede estar haciendo la otra parte, aunque creas que tienes toda su atención. De hecho, no sabes quién más puede estar en la habitación. Así que sé consciente tanto de la importancia como de los peligros de la comunicación telefónica. Los siguientes consejos te pueden ayudar.

Devuelve siempre las llamadas en un período de veinticuatro horas. Esta debería ser tu regla para todas las llamadas telefónicas, pero en especial para las comunicaciones de negocios. Aunque no tengas una respuesta para la pregunta de la persona que te ha llamado, llámale y explícale lo que estás haciendo para recabar la información, o dirígela hacia el lugar apropiado en el que la puede obtener.

Si vas a estar fuera o no estás disponible en el trabajo, haz que alguien recoja tus llamadas o, como mínimo, ten un sistema de respuesta automática que le diga al llamante cuándo volverás a estar en la oficina y cuándo te pueden volver a llamar.

Cuando realizas una llamada y contesta un recepcionista o secretario, identifícate y clarifica la naturaleza de tu llamada. De esta forma te asegurarás de llegar a la persona o al departamento adecuados, y de que la persona con la que intentas contactar tendrá la información apropiada y te podrá ayudar de forma más eficiente.

Cuando seas el receptor de la llamada, identifícate a ti y a tu departamento. Responde al teléfono con cierto entusiasmo o al menos de forma muy educada. Incluso si te están interrumpiendo, la persona al otro extremo no lo sabe.

Asegúrate de que tu sistema de buzón de voz funciona de forma adecuada y que no le dice al llamante que el buzón está lleno, lo transfiere a ninguna parte o suena indefinidamente. Resuelve los problemas técnicos y del sistema. Una máquina o un sistema descortés son tan inaceptables como una persona maleducada.

No tienes que contestar a lo que es obviamente telemarketing. Si alguien te llama para venderte algo, puedes indicar que no estás interesado y colgar sin perder más tiempo. Sin embargo, tienes que ir con cuidado. Puedes recibir la llamada de una compañía de seguros o del extranjero que te quiere contratar como consultor. Asegúrate de conocer la naturaleza de la llamada antes de (educadamente, por supuesto) excusarte.

Personaliza la conversación. Muchas personas interactúan a través de los medios electrónicos de la misma forma que se comportan en el coche. Les parece que como no están cara a cara con una persona resulta aceptable ser brusco, grosero y descortés. Nos tenemos que asegurar de utilizar todas las ventajas que nos proporcionan estos medios sin dejarnos atrapar por sus desventajas.

ETIQUETA EN EL RESTAURANTE

Salir a comer con un grupo de amigos o colegas debería ser una experiencia social placentera. Hacia el final, es importante gestionar el tema del dinero con discreción y buen sentido. En una época de reducción de presupuestos, el costo con frecuencia significativo de comer fuera no se puede pasar por alto. Eso no significa que siempre tengas que hacerte cargo de la cuenta, pero tampoco pretendas hacer ver que no existe.

Deja claro si estás invitando. Puedes invitar a unos amigos a un restaurante sin correr con los gastos, pero utiliza un lenguaje que lo deje claro. Di: «John, ¿podríamos quedar con Ellen y contigo el sábado en el Jackson's Grill? Si te parece bien, haré la reserva». Si quieres pagar la cena de todos, lo dirías de forma diferente: «Vamos a celebrar una cena y nos gustaría que nos acompañaras». Una invitación escrita también indica que estás invitando.

Evita regatear. Cuando sales a cenar con un grupo de personas, debes suponer que la factura se dividirá en partes iguales más que calcularla al céntimo. Es más fácil para todo el mundo, así que tenlo en cuenta. Pero si crees que vas a pedir sólo una ensalada sin cócteles y quieres pagar de forma apropiada, pide cuentas separadas antes de pedir. (La mayor parte de los restaurantes lo harán.) O, cuando lo estés planeando, di: «Me encantaría venir, pero este mes vengo mal de dinero. Espero que no les importe que sólo pague lo mío». Así no tendrás que pagar de más y no hará falta discutir el arreglo en la mesa.

No te saltes las propinas. Si la experiencia no ha sido maravillosa, está bien dejar una propina modesta. Pero no dejar nada es grosero además de ambiguo: el camarero puede pensar que lo has olvidado. Decide si el camarero ha provocado realmente los problemas (es posible que haya sido culpa de la cocina que la comida haya salido con tanta lentitud). Y no esperes hasta el momento de salir para expresar tu insatisfacción. Menciónalo en cuanto puedas de manera que el camarero tenga la oportunidad de realizar un cambio positivo.

Deja propina a los que la esperan. Deja siempre una propina a los empleados del guardarropa y del estacionamiento al principio de la noche. Piensa que en gran parte viven de ello. No importa lo que ganes, no ahorres en las propinas a las personas que te sirven.

Las damas primero. En un grupo heterogéneo, las mujeres deben tener siempre la preferencia para elegir asiento. Un hombre debería hacerles un gesto para que tomaran asiento primero; después, cuando hayan empezado a sentarse, ellos también pueden hacerlo. Igualmente, las mujeres siempre deben pedir primero. Muchos camareros empezarán instintivamente con las mujeres, pero si no lo hacen, los hombres deberían dejar que sus compañeras eligiesen primero. Los días de la caballerosidad es posible que hayan muerto, pero el deseo de ser tratadas con respeto sigue tan vivo hoy como en el pasado.

Apaga el celular. No mantengas una conversación larga al celular en un restaurante. Si es imprescindible, simplemente responde y dile a tu interlocutor que lo llamarás más tarde si no es ninguna urgencia. Mejor aún, apaga el celular o ponlo en modo vibración o silencio. Una regla muy sencilla de comportamiento es que las personas están antes que la electrónica. También se deberían apagar los celulares en cines, conciertos, obras de teatro y en cualquier otra circunstancia en que responder a una llamada puede molestar a las personas que te rodean.

El reloj gira para todos. Cuando estás hablando con un camarero o con un cajero, resulta apropiada una cierta cantidad de charla intrascendente. Después de todo, es importante reconocer la existencia de estas personas como seres humanos y no sólo como sirvientes. Pero no empieces a parlotear como si no hubiera nadie más esperando.

RESUMEN DE ETIQUETA

La mayor parte de los comportamientos que se perciben como irrespetuosos, descorteses u ofensivos no son intencionados. Se podrían haber evitado mediante la práctica de la buena etiqueta. Conocimientos básicos y práctica de la etiqueta son una formación valiosa, porque en muchas situaciones no será factible o ni siquiera posible una segunda oportunidad.

Lo más importante que debes recordar es ser cortés y considerado con las personas a tu alrededor, sin importar la situación. Ten en cuenta los sentimientos de las personas y aférrate a tus convicciones de la forma más diplomática posible. Enfoca los conflictos como algo relacionado con la situación más que con la persona. Pide perdón cuando pises a alguien. No te puedes equivocar mucho si te ciñes a lo básico que aprendiste (o se supone que aprendiste) de pequeñito, aunque esas cosas básicas no resultan siempre fáciles de recordar cuando te encuentras en una reunión de negocios crucial.

En este sentido, las cualidades que más admiramos en los adultos son las mismas que nos esforzamos en inculcar en la infancia. Si te comportas siempre de forma que no te importe que tu esposa, hijos o abuelos te vean, entonces probablemente lo estés haciendo bien. Evita levantar la voz, utilizar un lenguaje duro o denigrante hacia nadie, o interrumpir. En un entorno profesional, es posible que al principio no tengas demasiado «tiempo de emisión» en las reuniones, pero lo que digas será mucho más efectivo porque conlleva el peso de la credibilidad y la respetabilidad.

SE TRATA DE PERSONAS

Mientras estás en el trabajo, habla y visita a la gente a tu alrededor. No hagas diferencias entre ellos por su posición o estatus dentro de la empresa. La próxima vez que necesites preparar un documento o que dispongan una sala de reuniones para una presentación, mira cuánta gente está implicada en ese proceso (probablemente quedarás sorprendido) y procura reunirte con ellos y mostrarles tu agradecimiento.

Acostúmbrate a llegar diez o quince minutos antes y visita a la gente que trabaja cerca de ti. Cuando visites otro lugar de trabajo, tómate un café con ellos y preséntate a las personas cercanas. Si llegas temprano a una reunión, preséntate a los otros participantes. En eventos sociales, utiliza la propia circunstancia del evento para romper el hielo. Después de presentarte, pregunta cómo conocieron al anfitrión o si les gustan los canapés. Habla un poco de ti mismo: aficiones, hijos o mascotas; sólo lo suficiente para que las personas te hablen de ellas mismas y te conozcan como persona.

Intenta recordar todo lo que puedas sobre la mayor cantidad de gente posible. Utiliza después esta información de forma inteligente. Envía tarjetas o felicitaciones para los cumpleaños, o felicita por promociones u otros acontecimientos; envía flores para compromisos y bodas o en condolencia por la muerte de alguien querido o un miembro de la familia. La gente recordará tu amabilidad, probablemente durante mucho más tiempo que tú mismo.

PASOS A SEGUIR

¿Qué mensaje estás enviando con tus acciones, palabras y actitudes? Pregúntate si estás haciendo algo de lo siguiente:

- ¿Te ocupas de tus asuntos personales en horario de trabajo?
- ¿Usas o tomas recursos de la empresa para propósitos personales?
- ¿Dices que estás enfermo cuando no lo estás?
- ¿Participas en el chismorreo negativo o difundes rumores sobre alguien?
- ¿Difundes información que ha sido compartida como algo confidencial?
- ¿Violas a sabiendas reglas o procedimientos de la empresa?
- ¿No has hecho algo que dijiste que ibas a hacer?
- ¿Retienes información que necesitan otros?
- ¿Falseas un registro de tiempo, una factura o una cuenta de gastos?
- ¿Has entregado conscientemente bienes o servicios de segunda?
- ¿Has sido algo menos que honesto para conseguir una venta?
- ¿Has aceptado un regalo o una gratificación inapropiados?
- ¿Has tomado o aceptado el mérito por algo que hizo otra persona?
- ¿No has admitido o corregido un error? ¿O has dejado conscientemente que alguien cometa un error y tenga problemas?

Estas y otras acciones aparentemente menores reflejan quién eres y qué defiendes. Cuando se trata de etiqueta, todo es importante, en especial «las cosas pequeñas». En tu plan de acción, apunta con claridad formas en las que puedes mejorar en este aspecto, y después aplícalas con diligencia en tu trabajo y en tus relaciones personales.

NOTAS DEL PLAN DE ACCIÓN

*Una de las formas más seguras para hacer amigos e influir
en la opinión de otra persona es tener en consideración sus
opiniones, dejar que mantenga su sensación de importancia.*
                                                    Dale Carnegie

CAPÍTULO 9
La persuasión como habilidad para tratar con las personas

Supón que pudieras conseguir que cualquiera hiciera lo que
tú quieres. En realidad no es tan difícil. Algunas personas dedican su vida a dominar el arte de la persuasión, pero los métodos básicos son bastante sencillos.

La persuasión es una habilidad interpersonal muy específica. Básicamente, consiste en atraer a la gente a tu lado
de la valla sin hacer uso de la fuerza o la intimidación. Se
trata de convencer a los demás para que hagan suyo tu razonamiento, que lo integren como parte de su propio sistema
de creencias.

IDENTIFICAR UNA NECESIDAD

Intentar persuadir a los demás para que te crean cuando no
tienes una urgencia identificable es inútil. Si lo que quieres

—apoyo, dinero, aprobación— no resulta obvio, necesitas que lo sea evidenciando una necesidad profunda y fortaleciéndola con entusiasmo, pruebas y urgencia.

Para poner a la audiencia de tu parte, tienes que convencerles de una necesidad que es posible que no sean conscientes que tienen. Por ejemplo, si necesitas elaborar un programa desde la nada de inmediato porque ahora es el único momento en que se puede aplicar con los mejores resultados posibles.

Para alcanzar la meta de persuadir a sus oyentes, la gente utiliza una variedad de palabras «cargadas». Los políticos se refieren a la «guerra contra el terror» y «defender la democracia». Los publicistas califican un producto como «totalmente natural». ¿Qué significa exactamente todo eso? ¿Y qué importancia real tiene? En el deseo de persuadir, con frecuencia el significado es algo secundario cuando se utilizan palabras cargadas.

Es muy raro que Warren Buffet no se refiera a sus inversores como «socios», aunque difícilmente se ajustan a esa definición. Sin embargo, sabe que al hacerlo les transmite una sensación de fraternidad y amabilidad sin que él tenga que dar nada a cambio. Resulta una táctica sencilla y efectiva, porque la gente suele estar de acuerdo con aquellos que le demuestran interés, respeto e incluso afecto. Con esa finalidad, un elemento básico de la persuasión implica no sólo utilizar palabras que los oyentes comprendan y reconozcan, sino incluso hacer algo tan sencillo como llamarlos por sus nombres. Es algo tan básico como que te presenten a alguien. Si eres capaz de recordar y utilizar su nombre, lo más probable es que provoques una impresión mucho mejor. Esto asegura al oyente que alguien ha prestado atención a quién es en realidad. De forma natural las personas se sienten más significativas si se recuerdan sus nombres.

Cuando empieces a comprender esto, estarás en camino para dominar la habilidad interpersonal de la persuasión. Como componentes de esta habilidad, existen tres factores especialmente poderosos.

Autoridad: una conexión con autoridades reconocidas y establecidas satisface una necesidad básica de cualquier oyente. La gente quiere sentir que vienes de una posición de poder legítimo. Esto lo puedes hacer explicando tu experiencia y dominio de un área en particular, o enunciando y apoyando las palabras y la obra de alguien que sea reconocido como maestro.

Emoción: con demasiada frecuencia la gente supone erróneamente que el mundo sólo se preocupa de los hechos. Mientras que los números tienen su lugar y nunca se los debe ignorar por completo, un llamamiento a las emociones puede resultar especialmente efectivo en un contexto profesional. La clave está en evocar una respuesta emotiva mediante el uso de metáforas o apelando al sentido de aventura.

Razón: apelar a la razón implica la aplicación de hechos y cifras irrebatibles para influir en tu audiencia. Para muchos en el mundo de los negocios, esta es la mejor forma de persuasión. Unida a la emoción, la razón y la lógica refuerzan la impresión de autoridad, aunque sólo sea porque parecerás extremadamente bien preparado.

PERSUASIÓN, PASO A PASO

El arte de la persuasión se puede describir en términos de una progresión lógica paso a paso. En realidad, todo se resume en presentar tu caso de forma clara y efectiva. Pero incluso antes de que puedas hacerlo, debes comprender a tu audiencia en profundidad: quiénes son y por qué piensan precisamente de esa manera. Esto te proporciona dos informaciones importantes. Puedes empatizar con tus oyentes, estableciendo una conexión humana, y puedes construir tu argumento para demostrar por qué tu plan va a funcionar no sólo en beneficio tuyo, sino también en el de ellos.

Construye confianza. La gente desconfía automáticamente de cualquiera que les quiera convencer de algo. Por eso es imprescindible ganarse su confianza, convenciéndoles que eres sincero y tienes buenas intenciones. Demuéstrales por qué te deben escuchar. Debes saber de qué estás hablando y demostrar que existen buenas razones para pensar de la forma en que lo haces.

Encuentra un terreno común. Muchas personas comparten las mismas ideas sobre lo que es justo y deseable. Muestra a tu audiencia que sus valores e ideas concuerdan con los tuyos. Repito, es necesario que te pongas en su lugar, comprendas sus preocupaciones y empatices con sus sentimientos.

Estructura tu información. Cualquier argumento persuasivo —ya sea un discurso, un ensayo o un argumento de ventas— debe tener una estructura clara. Verbalmente, una estructura de éxito se basa en la repetición y la colocación. Cuando hagas una lista de las razones por las cuales la gente debería escucharte, deja los puntos más poderosos para el final, porque se grabarán con mayor profundidad en las mentes de tu audiencia cautiva. Así mismo, repite tus argumentos más importantes. La repetición establece una pauta que permanece en la memoria.

Muestra ambos lados. Analiza los pros y los contras de tus ideas, porque al hacerlo parecerás justo y razonable. El truco consiste en enfatizar los pros y rebajar los contras. Explica por qué los contras no son tan malos, o cómo las ventajas superan a los inconvenientes. Nunca mientas sobre los contras, porque cuando la gente descubra tu engaño, se desilusionarán. Y nunca volverán a confiar en ti.

Apela al autointerés. Es mucho más probable que convenzas a alguien de una idea si le muestras lo que puede ganar con ella, porque esta es una cuestión que siempre estará en el fondo de su mente. Para que esto funcione, necesitas saber cuáles son las necesidades de tu audiencia. Capta su atención diciéndoles que sabes lo que quieren, después explícales cómo tu idea les podrá satisfacer.

Apela a la autoridad. Como se ha mencionado antes, a todo el mundo le gustan los expertos. Todo el mundo escucha a los expertos. Si un experto dice algo, debe de ser cierto. Por eso, utilízalos en tu charla. Averigua cómo tu idea, o parte de ella, ha sido aprobada o apoyada por especialistas en la materia.

Genera consenso. La mayor parte de las personas están influenciadas por lo que hacen los demás. Necesitas demostrar que lo que quieres está avalado por un gran número de personas. Utiliza ejemplos de cómo tus ideas han tenido éxito en otro sitio o cómo les han gustado a otras personas. También puedes utilizar un tipo de consenso inverso: si lo que está haciendo la mayoría de la gente es indeseable, muéstrales por qué y convénceles de tu idea.

Encuentra el momento para tu petición. Necesitas desarrollar un sexto sentido para el momento oportuno. Evita abordar a la gente con peticiones en momentos de gran estrés. Aprende a evaluar el estado de ánimo general y hasta qué punto será receptiva la gente. Busca períodos de confianza general y moral alta. Haz que los demás se sientan seguros y confiados si es necesario.

Sé original. Es una sencilla ley económica: cuanto más escaso es algo, más alto es su precio. Haz que tú o tus ideas parezcan únicas o raras, y la gente escuchará con más atención. Lo puedes hacer demostrando que tienes información exclusiva o sugiriendo que existe un competidor para lo que vas a ofrecer.

Sé interesante. Si hablas en un tono de voz monótona, perderás a la gente en cuanto empieces a hablar. Necesitas ser único y enérgico, mostrando que estás emocionado con tu idea. Apela a sus sentidos todo lo que puedas. Si estás haciendo una presentación, utiliza imágenes y ayudas sonoras. Un espectáculo impresionante puede ser tan efectivo como una frase elocuente.

Sé razonable. A la gente le gusta pensar que es razonable, así que apela a su sentido común. La lógica se tiene en muy alta estima en los negocios, y tus palabras deben tener un formato lógico. Utiliza un argumento del tipo «si…, entonces»: «Si haces esto, entonces ocurrirán cosas buenas».

Sé diplomático. Debes tratar a tu audiencia como te gustaría que te trataran a ti. Habla con el tono apropiado; no grites o les hables en voz baja. Y lo que es más importante, no los hagas sentir estúpidos por pensar de forma diferente a ti. Quieres razonar con la gente, no discutir con ellos. Aunque ganes la discusión, quedarán resentidos. Ganarás su respeto si eres respetuoso.

Sé humilde. A nadie le gusta un megalómano que se cree por encima de todos. Aunque creas que tu idea es mejor, si pareces arrogante, la gente dejará de escuchar. No asumas tampoco que los vas a convencer de buenas a primeras. Sé realista y acepta que te pueden rechazar.

Utiliza la persuasión a cuentagotas. Se ha dicho que la persuasión es como una cuenta de ahorros: cuanto menos la usas, más tienes dentro. Aprende a utilizar bien tus poderes de persuasión y en los momentos apropiados. Con tiempo y práctica, serás capaz de influir positivamente en las decisiones de la gente en multitud de campos.

TÉCNICAS DE VENTA PERSUASIVAS

Cada día las personas se ven expuestas a técnicas de ventas en diferentes aspectos de sus vidas y su empleo del tiempo. Por ejemplo, mientras escuchan la radio por la mañana o ven la televisión durante el desayuno, se verán sometidos a la emisión de una serie de anuncios durante los intermedios de los programas. De camino al trabajo, carteles y señales en los laterales de los autobuses y vehículos presionan a los que los ven a considerar ciertos productos. En el trabajo, un compañero puede intentar convencer a los demás para que compren galletas de las Girl Scouts para apoyar el grupo de su hija. El jefe puede insinuar que la gratificación anual podría ser mayor con un poco más de esfuerzo por parte de los empleados. Durante la cena en el restaurante favorito, el menú muestra unas fotos impresionantes de entrantes carísimos y utiliza un lenguaje descriptivo para persuadir a los clientes para que los prueben.

Las técnicas de persuasión se encuentran en todas partes y pueden ser muy poderosas. Pueden ser útiles, cuando indican los mejores alimentos para mantenerse sano. También pueden ser dañinas cuando atraen a los adolescentes a la ropa provocativa o a productos ilegales, como los cigarrillos o las bebidas alcohólicas. Ser más consciente de las técnicas de persuasión puede proporcionar al consumidor medio conocimientos para resistirse a las compras impulsivas o innecesarias. Una estrategia de venta típica sigue los pasos siguientes.

- Captar la atención del cliente.
- Crear o identificar alguna necesidad, problema o deseo.
- Ofrecer una solución.
- Cerrar la venta.

Vamos a ver el primero de estos cuatro pasos. ¿Cómo consiguen los individuos persuasivos captar la atención de personas ocupadas, apáticas o reacias? Existen docenas de formas de poner en práctica cada uno de los pasos enumerados con anterioridad. Para tener una mejor idea de cómo se utiliza la persuasión para captar la atención de alguien, aquí van algunas de las estrategias y técnicas de persuasión más comunes.

«Lo necesitas.» Se identifica un problema y se ofrece una solución. Esto puede adoptar la forma de un concepto muy amplio como la corrupción política durante una campaña electoral: «Como ciudadano de este estado, exiges honestidad a los gobernantes. ¡Fulanito de Tal es el único candidato honesto!».

«Te lo mereces.» Se cubre con habilidad una limitación, una falta o un hueco. Un ejemplo: «Te mereces más tiempo de ocio. Te ofrecemos un paquete de fin de semana a precios asequibles».

«Lo quieres.» La persona persuasiva despierta un deseo y proporciona la forma de satisfacerlo. «¿Deseas chocolate? Prueba estas deliciosas perlas de chocolate negro.» Después de probar una, se puede inducir a la persona a comprar más, aunque no esté en su lista de la compra o se salga de su presupuesto.

«Prueba una muestra.» Aunque recibes una muestra gratis, la esperanza está en despertar tu interés en el producto e inducir a la compra al cliente potencial, ya sea una muestra de un alimento, un bolígrafo, un libro nuevo, etc.

«Todos cuentan contigo.» Esta técnica de persuasión se utiliza, por ejemplo, para convencer a alguien para que compre productos saludables de manera que puedan estar bien para su familia o para sugerir una conexión comunitaria en la que todos los votos cuentan.

«Una oportunidad única.» Muchos publicistas utilizan este enfoque persuasivo para afirmar que ese producto en particular sólo estará disponible de forma limitada. Por ejemplo, es posible que un coche nuevo lleve meses en exposición, pero hoy puede ser el único día que el vendedor esté dispuesto a rebajarlo en 300 dólares (o la cantidad que sea).

«Calidad, no cantidad.» Cuando se trata de vender un producto nuevo, un promotor de ventas señala que el artículo más caro está mejor construido u ofrece más prestaciones, aunque cueste más.

«Ayudar a los demás.» La idea detrás de esta estrategia es que respaldar cierto producto, idea o individuo ayudará a la economía, a la sociedad o a la persona. Por ejemplo, comprar un coche de fabricación nacional sin tener en cuenta el consumo de combustible muestra un apoyo a la economía nacional en lugar de apoyar las importaciones.

«Lista de beneficios.» Un vendedor persuasivo puede subrayar una multitud de ventajas quizá muchas veces durante el contacto, ya sea a través de un anuncio en los medios o en una venta en persona. Cualquier aspecto negativo o los costos se verán minimizados para centrarse en los factores positivos.

«Todos ganamos.» Al conseguir que alguien haga algo, queda implícito que las dos partes van a ganar. Por ejemplo, si un cliente compra un cuadro rebajado de un «artista pobre», el cliente hace un buen negocio mientras que el artista consigue dinero y se construye una reputación.

«O-o.» Reducir las alternativas a una decisión de «esto o lo otro» presiona al cliente y canaliza la elección en una de las dos direcciones. «O votas a este candidato, o puedes esperar una corrupción continuada.»

«Tácticas del miedo.» Este enfoque crea una mentalidad atemorizada para sugerir que la negativa a hacer lo que quiere el orador puede tener como resultado una pérdida, un daño o una destrucción.

«Enfoque de la popularidad.» La persona persuasiva señala que la gente simpática y popular está utilizando el producto o que apoya la idea, diciendo implícitamente que aquellos que no lo hacen son lo opuesto a ese tipo de gente.

Al evaluar estas técnicas persuasivas, es necesario que comprendas los procesos que están en funcionamiento. Mientras que un producto o idea debe tener sus méritos, tú como comprador deberías quedar convencido por esos méritos, no porque se oculten los aspectos negativos y se inflen los positivos. Un consumidor consciente reflexionará sobre los pros y los contras antes de adoptar una perspectiva que le quieren imponer y considerará la lógica de un punto de vista en particular.

Las técnicas de persuasión tienen muchas variantes. Por esa razón, lo mejor es evitar las compras apresuradas y no aceptar con demasiada rapidez un tema en el que pueden faltar datos, o en el que las estrategias de persuasión como las que hemos visto pueden teñir la lógica y bloquear la senda de la sabiduría.

LENGUAJE CORPORAL:
PERSUASIÓN NO VERBAL

Todos emitimos al mundo mensajes silenciosos, y el lenguaje que utilizamos consiste en un conjunto fiable y legible de gestos y movimientos. El lenguaje corporal –comunicación no verbal– expresa nuestros sentimientos más profundos, incluso cuando dichos sentimientos contrastan con las palabras que usamos. Expresiones faciales, la posición de brazos, piernas y manos, cómo nos sentamos, estamos de pie, escuchamos y hablamos indican diferentes grados de engaño u honestidad, de preocupación o desinterés. Sencillamente, una fuente de información.

Algunas comunicaciones silenciosas son casuales; otras son una partida de ajedrez. Ya sea en una cita o delante de un jefe, aprender a descifrar el lenguaje corporal puede proporcionar una ventaja tremenda. Puedes descifrar lo que realmente está sintiendo la gente pero que, por la razón que sea, han decidido no expresar verbalmente. A menudo, lo que no se dice puede ser una fuente tremenda de información privilegiada que sólo espera a ser destapada. Más aún, comprender las claves no verbales te permite controlar y dictar tu propio lenguaje corporal de manera que estés enviando las señales que quieras, sin dejar entrever nada que prefieras guardarte para ti.

Los estudios han concluido que en las comunicaciones cara a cara la palabra hablada representa el siete por ciento del significado recibido. El tono de voz representa el 38 por ciento y el lenguaje corporal es responsable del 55 por ciento restante. En definitiva, es mucho más probable que el receptor responda al tono de voz o al lenguaje corporal que a las palabras que se están emitiendo. La experta en jurados Jo Ellen Dimitrius afirma que cuando se pregunta a los jurados qué hace que un testigo parezca fiable, citan el doble de veces el lenguaje corporal que cualquier otra categoría. En otras palabras, las personas «escuchan» con los ojos.

¿Qué está diciendo sobre ti tu lenguaje corporal? Cuando realizas una presentación o diriges una reunión de ventas, ¿apareces como formal, confiado y creíble, o inseguro, informal y fuera de lugar? Más importante aún, ¿cómo puedes desarrollar y mejorar sus habilidades con el lenguaje corporal?

De hecho, simplemente evitar los errores más habituales y sustituirlos por movimientos más confiados representará una gran diferencia. Estos son siete de los problemas de lenguaje corporal que dejarán a tu audiencia muy poco impresionada e indiferente. Practica para evitarlos y verás como ese simple cambio puede marcar una gran diferencia. Aquí van los pocos aspectos que debes tener en cuenta.

Evitar el contacto visual: esto demuestra falta de confianza y que estás nervioso y poco preparado. Deberías pasar el 90 por ciento o más de la conversación mirando a los ojos de tus oyentes. En presentaciones formales, la mayor parte de la gente pasa demasiado tiempo mirando las notas, las diapositivas del PowerPoint o la mesa que tienen delante. No resulta sorprendente que la mayoría de los oradores cambien este comportamiento de forma instantánea en cuanto ven un video de ellos mismos. Los hombres de negocios poderosos miran a sus oyentes directamente a los ojos cuando están transmitiendo su mensaje. El contacto visual es de lejos el elemento más importante del lenguaje corporal. Diremos mucho más sobre esto más adelante en este mismo capítulo.

Mala postura: los hombros caídos muestran falta de confianza y autoridad. Cuando estás de pie, deberás colocar los pies a la anchura de los hombros e inclinarte un poco hacia delante. También debes inclinar los hombros un poco hacia delante, así parecerás más enérgico. La cabeza y la espalda deben estar rectas. No utilices la mesa o el atril como una excusa para apoyarte en él.

Movimiento o rigidez: mecerse adelante y atrás o rascarte hace que parezcas nervioso, inseguro o poco preparado. Así que deja de moverte. Por otra parte, tampoco te quedes parado como una estatua de piedra. Muévete un poco, pero haz que parezca que lo haces con un propósito. Los movimientos intencionados no sólo son aceptables en una conversación, sino que son muy bienvenidos.

Gestos poco convincentes: los gestos están bien; pero no sobreactúes. Los investigadores han demostrado que los gestos reflejan un pensamiento complejo. Los gestos dejan a los oyentes con la percepción de confianza, competencia y control. Pero en el momento que intentes copiar un gesto de la mano, corres el riesgo de parecer afectado, como un mal político. No utilices gestos que parezcan incongruentes con tus palabras. El efecto será como si contemplases un video musical con el sonido sin sincronizar.

La cuestión esencial es que necesitas utilizar tu cuerpo como una herramienta de comunicación al mismo nivel que tus palabras. Un lenguaje corporal efectivo te ayudará a aumentar la energía de cualquier contacto, ya sea que te estén entrevistando para un puesto de trabajo, asistas a una primera cita o negocies una compra importante.

Como hemos mencionado antes, el contacto visual es el componente vital del lenguaje corporal, así que vamos a dedicar el resto de este capítulo a este elemento tan incomprendido.

Mírame a los ojos

El contacto visual es un aspecto de la comunicación no verbal que es crítico en todas las civilizaciones humanas y también entre muchas especies animales. El reino animal suele percibir el contacto visual directo como un desafío o una señal de agresión. Por ejemplo, las guías para evitar las mordeduras de perros remarcan la importancia de evitar el contacto visual con un perro desconocido. Los perros perciben el contacto visual directo como una señal de desafío y luchan para mantener su posición. Un comportamiento similar se ha observado en osos y primates.

Mantener el contacto visual durante una conversación da la impresión de que eres amistoso y que estás prestando atención a la otra persona. En algunas culturas, sin embargo, el contacto visual directo se considera grosero u hostil. Comprender el mensaje que estás enviando a través del contacto visual es importante para mejorar la comunicación en cualquier ambiente.

Es importante comprender la diferencia entre contacto visual y quedarse mirando a alguien fijamente. Mientras que el contacto visual envía el mensaje de que estás confiado, relajado e interesado en lo que la otra persona está diciendo, mirar fijamente se considera grosero e incluso amenazador. Comprender esta diferencia es una habilidad avanzada que puede mejorar tu comunicación con los demás.

Mirar fijamente implica mirar a la otra persona sin la más mínima interrupción. Muchos de nosotros nos embarcamos en competiciones de mirar fijamente cuando éramos pequeños, y aún recordamos la sensación de incomodidad que por regla general acompañaba al juego. En un concurso de ese tipo, los participantes evitan con frecuencia el parpadeo, lo que provoca que acabes con los ojos doloridos y acuosos. En el mundo real, mirar fijamente no significa dejar de parpadear, pero sí mantener los ojos en otra persona sin interrupción. Este comportamiento puede hacer que la otra persona se sienta incómoda, como si se hubiera violado su espacio personal.

Cuando se mantiene un contacto visual normal, cada persona mira a los ojos de la otra y después aparta la mirada. El orador lanza una pregunta visual al oyente, y el oyente confirma su comprensión al encontrarse con los ojos del orador. Este proceso se repite cada pocos segundos a lo largo de la duración de la conversación.

En Estados Unidos, evitar el contacto visual envía el mensaje de que te sientes incómodo, quizá porque tienes algo que ocultar. Puedes ser percibido como grosero, poco amistoso o incluso arrogante. Dependiendo de las circunstancias, puedes parecer sumiso o demasiado dominante. En general, la falta de contacto visual cuando alguien está hablando comunica sumisión, mientras que evitar el contacto visual cuando te preguntan indica engaño.

El equilibro entre poco y demasiado contacto visual es delicado. Un contacto visual saludable en una conversación a dos o entre un grupo pequeño depende en parte de la dinámica de grupo. Si los participantes en la conversación son familiares o están emocionalmente cerca, es frecuente un nivel mayor de contacto visual. Sin embargo, si los miembros del grupo son tímidos por naturaleza se puede dar un menor contacto visual. Si eres nuevo en un grupo y no estás seguro de cómo utilizar el contacto visual de forma efectiva, intenta imitar lo que hacen los otros participantes.

Actuar de espejo es una técnica psicoterapéutica que es muy efectiva para comunicarse con cualquiera. Al actuar de espejo, prestas una atención activa al comportamiento de la otra persona e intentas ajustar el tuyo para que sea similar. Por eso, si las miradas del grupo parece que van y vienen de los ojos al proyecto que se está tratando, intenta hacer lo mismo. Para minimizar la confusión, es posible que quieras seleccionar a una sola persona, o quizás al líder del grupo, para utilizarlo de espejo.

Las situaciones de hablar en público requieren un cuidado especial con el contacto visual. Necesitarás encontrar una forma para que cada miembro de la audiencia se sienta implicado, como si tu discurso se dirigiera específicamente a él o a ella.

Para conseguirlo, intenta barrer la sala con tus ojos. Encuentra a una persona en cada sección, sentada cerca del centro de dicha sección. Dirige tu mirada hacia esa persona durante cuatro o cinco segundos y después te desplazas a la siguiente sección y repites el proceso. Al moverte de una sección a otra, asegúrate de elegir cada vez a una persona diferente. Una técnica antigua para hablar en público era dirigir la mirada por encima de las cabezas de la audiencia, hacia un punto en la pared trasera. Sin embargo, esta técnica provoca que fijes los ojos en ese punto, de manera que los que se encuentran en la sección central tienen la impresión que los miras fijamente y los que se encuentran a los lados se sienten ignorados.

El contacto visual es una parte extremadamente importante del lenguaje corporal y la comunicación no verbal. En

Estados Unidos y en otros muchos países, el contacto visual es crucial en las entrevistas de trabajo, cuando se le pregunta a alguien por un dato, y en muchas otras interacciones humanas importantes. Puedes aprender a mejorar tus habilidades para el contacto visual a través de la práctica. Quizá sea un poco laborioso, pero descubrirás que las recompensas de un buen contacto visual bien valen la pena el esfuerzo.

PASOS A SEGUIR

1. Piensa en una situación en la que te persuadieron a hacer algo o a comprar algo que inicialmente no querías. ¿Qué te persuadió para que cambiaras de opinión?

2. Ahora piensa algo para lo que necesitas persuadir a un colega o amigo para que lo haga y aplica las técnicas de este capítulo para presentar tu caso y exponer los beneficios que va a obtener esa persona. Anota el resultado, lo que has aprendido y qué podrías mejorar la próxima vez.

NOTAS DEL PLAN DE ACCIÓN

*Hoy es la vida, la única vida de la que puedes estar seguro.
Aprovecha al máximo el día de hoy. Interésate en algo.
Despiértate. Desarrolla una afición. Deja que el vendaval
del entusiasmo te arrastre.*

Dale Carnegie

CAPÍTULO 10
Preguntar con habilidad

Las reglas que rigen las preguntas y las respuestas también
están sometidas a una revisión continua. Lo que podría haber pasado por una entrevista de trabajo rutinaria hace veinte años ahora podría ser motivo para una querella judicial.
Saber cómo formular las preguntas sigue siendo una habilidad muy importante para tratar con las personas, pero ahora
también es un tema ético y legal muy sensible. En este capítulo vamos a empezar a comprender qué ha cambiado y
qué no ha cambiado, y cómo puedes sacar el máximo de la
realidad actual.

BASURA DENTRO, BASURA FUERA

Este principio bien conocido se relacionaba originalmente
con el funcionamiento de los sistemas informáticos: si in-

troduces información errónea, obtendrás información errónea. Pero la frase tiene una aplicación mucho más amplia. No importa el tipo de intercambio interpersonal que estés teniendo, la información que recibes vendrá dictada por la información que pidas. Esto se aplica a la comunicación humana en general. Si formulas las preguntas erróneas, probablemente obtendrás las respuestas erróneas. O al menos no obtendrás la respuesta que esperas.

Hay que subrayar la importancia de esto. Plantear las preguntas correctas es el núcleo de una comunicación y un intercambio de información efectivos. Pero, ¿qué es exactamente la «pregunta correcta» en una situación en particular? Es preciso que respondas a esta pregunta en tu cabeza antes de preguntar nada a nadie. Lo que es peor, la pregunta correcta de hoy puede no ser la pregunta correcta de mañana, o incluso de dentro de diez minutos. Por eso, preguntar es una habilidad muy sofisticada, ya sea en una entrevista de trabajo o en una conversación con tu hijo o hija adolescente.

Al aprender a plantear la pregunta correcta en una situación particular, puedes mejorar toda una serie de habilidades comunicativas. Como mínimo, puedes evitar ofender a la gente, que es el resultado más frecuente de las preguntas inadecuadas. Pero eso es sólo el principio. Preguntar con habilidad te permitirá recoger información de más calidad y aprender más sobre las personas que vas conociendo. Puedes establecer relaciones más fuertes, gestionar tu responsabilidad con mayor eficacia y ayudar a los demás a hacer lo mismo.

A continuación veremos algunas técnicas habituales para preguntar, y cuándo usarlas (y cuándo no).

PREGUNTAS ABIERTAS Y CERRADAS

Una pregunta cerrada es la que pide una respuesta de una o muy pocas palabras. «¿Tienes sed?» La respuesta es sí o no. «¿Dónde vives?» Dependiendo de las circunstancias, la respuesta puede ser el nombre de la ciudad o la dirección de tu casa.

Las preguntas abiertas exigen respuestas más largas. Normalmente incorporan «qué», «por qué» o «cómo». Una pregunta abierta pide información, una opinión o un sentimiento. Con frecuencia empiezan con una invitación amplia como «Explícame» o «Descríbemelo».

Otros ejemplos son: «¿Qué ocurrió en la reunión?», «¿Por qué reaccionaste de esa forma?», «¿Cómo te han ido las vacaciones?», «Cuéntame qué ocurrió después», «Describe con precisión el accidente».

Las preguntas abiertas son buenas para desarrollar una conversación extensa, conseguir más detalles de una situación específica y explorar las opiniones y sentimientos de alguien. Las preguntas cerradas proporcionan una comprensión factual o permiten cerrar una cuestión concreta que de otra forma quedaría sin resolver. Pero ambos tipos de preguntas, si se formulan en el momento equivocado, pueden hacer mucho más mal que bien en un intercambio personal.

PREGUNTAS EMBUDO

Para utilizar bien ambas formas de preguntar, puede ser útil empezar con preguntas abiertas y después pasar gradualmente a cuestiones cada vez más centradas. Imagina, por ejemplo, que un agente de policía está interrogando a los testigos de un altercado en la calle. El diálogo puede ser algo parecido a esto:

—¿Cuántas personas estuvieron implicadas en la pelea?

—Unas diez.

—¿Eran chicos o adultos?

—En su mayor parte chicos.

—¿De qué edades?

—Entre catorce y quince.

—¿Alguno de ellos llevaba algo distintivo?

—Sí, algunos de ellos llevaban gorras de color rojo.

—¿Puede recordar si había algún logo en alguna de las gorras?

—Recuerdo haber visto una gran letra Z.

Utilizando esta técnica, el agente ayuda al testigo a revivir el acontecimiento y a identificar progresivamente detalles útiles. No es probable que el agente hubiera obtenido esta información si simplemente hubiera planteado una pregunta abierta al empezar, del estilo: «¿Qué detalles me puede dar de lo que ha visto?».

Esta técnica se conoce como interrogatorio embudo. Se inicia con preguntas cerradas. A medida que las partes avanzan a lo largo del embudo, las preguntas se van haciendo cada vez más específicas.

Las preguntas embudo son buenas para descubrir más detalles de un incidente específico. La técnica también refuerza la confianza y la fiabilidad de las partes a las que se plantean las preguntas.

PREGUNTAS-SONDA

Vamos a ver otras estrategias para descubrir más detalles. A veces es tan sencillo como preguntar por un ejemplo de la afirmación anterior. O puedes solicitar información adicional para que todo quede más claro: «¿Cuándo necesitas este informe?, ¿quieres ver un borrador antes de entregarte la versión final?»; «¿Cómo sabes que la nueva base de datos no la podrá utilizar la fuerza de ventas?».

En general, las preguntas-sonda son buenas para clarificar y comprender los datos que se han entregado con anterioridad, y también para sacar información de personas que están intentando no decirte algo.

Existe un refinamiento de la técnica de las preguntas-sonda que se conoce como el método de los Cinco Porqués, que fue creado en la década de 1970 para uso interno en Toyota Corporation. El sistema se basa en el hecho de que una pregunta «¿por qué?» normalmente genera otra pregunta «¿por qué?» mucho más centrada. El sistema empieza mirando el resultado final y después recorre el camino hasta la causa principal preguntando continuamente ¿por qué? Por ejemplo:

- ¿Por qué está descontento nuestro cliente? Porque no entregamos nuestro producto cuando aseguramos que lo haríamos.
- ¿Por qué fuimos incapaces de cumplir el plazo de entrega? Porque el trabajo llevó mucho más tiempo del que pensábamos.
- ¿Por qué llevó tanto tiempo? Porque subestimamos la complejidad del trabajo.

- ¿Por qué subestimamos la complejidad del trabajo? Porque realizamos una estimación rápida del tiempo que necesitaríamos para completar el proyecto y no hicimos una lista de las fases individuales que eran necesarias para completarlo.
- ¿Por qué te fiaste sólo de una estimación rápida? Porque estamos retrasados con otros proyectos. Tenemos que evaluar nuestra planificación de tiempos y nuestros procedimientos de especificaciones.

La estrategia de los Cinco Porqués es tan sencilla que se puede adaptar con rapidez y aplicar a casi cualquier problema.

PREGUNTAS CAPCIOSAS

Este tipo de preguntas pretende llevar a las personas hacia tu forma de pensar. Esto puede ocurrir de muchas maneras.

Con una asunción: «¿Qué retraso crees que tendrá el proyecto?». Esto asume que el proyecto no se va a completar a tiempo.

Añadiendo un comentario personal para que se esté de acuerdo al final: «Es muy eficiente, ¿no te parece?» o «Será mejor que esperemos otra semana, ¿no crees lo mismo?».

Formulando la pregunta de modo que la respuesta automática sea sí: De esta forma, «¿Deberíamos aprobar la oferta?» es más probable que reciba una respuesta afirmativa que «¿Quieres que aprobemos la oferta o no?». Un refinamiento adicional es personalizar la pregunta: «¿Quieres que siga adelante y apruebe la oferta?», mejor que sólo «¿Debo aprobarla?».

Las preguntas capciosas suelen ser cerradas. Son ideales para obtener la respuesta que quieres mientras dejas que la otra persona crea que tiene una elección. El peligro de las preguntas capciosas es que pueden parecer manipuladoras o incluso deshonestas. En el pasado, han abusado de ellas vendedores que ejercen mucha presión o incluso estafadores. Si te das cuenta de que te están planteando muchas preguntas capciosas, ponte en guardia o plantea alguna pregunta capciosa por tu parte.

PREGUNTAS RETÓRICAS

En realidad no son en absoluto preguntas, porque no esperan una respuesta. Se trata de afirmaciones formuladas en forma de pregunta: «¿No es un día maravilloso?»; «¿No te gustan las Navidades?».

Las preguntas retóricas son una forma de comprometer al oyente. Como una habilidad para tratar con las personas, estas preguntas son una buena forma de conseguir un acuerdo casi automático. Una vez obtenido el acuerdo, la persona que pregunta utilizará a veces el impulso para conseguir una concesión más sustancial. Por ejemplo, una sucesión de preguntas retóricas puede conducir a una que no lo sea en absoluto. «¿No es un color de pintura estupendo para un coche nuevo?», «¿No le gusta como brilla el color bajo la luz?», «¿No le gustaría tener un coche que tuviera este mismo aspecto?».

UTILIZAR LAS TÉCNICAS PARA PREGUNTAR

En un momento u otro probablemente habrás utilizado todas estas técnicas para preguntar, ya sea en el trabajo o en casa. Pero al aplicar conscientemente el tipo apropiado de preguntas, puedes obtener de forma más efectiva información, respuesta o el resultado que quieres. ¿Qué podría ser una habilidad para tratar con las personas más que eso?

LAS PREGUNTAS SON UN MEDIO PODEROSO PARA:

Aprender: formula preguntas abiertas y cerradas, y utiliza preguntas-sonda.

Establecer relaciones: la gente responde generalmente de forma positiva si preguntas sobre qué hacen o te interesas por sus opiniones. Si lo haces de forma afirmativa —«Explícame lo que más te gusta de trabajar aquí»—, ayudarás a establecer y mantener un diálogo abierto.

Dirigir: las preguntas retóricas y capciosas también son útiles. Puedes ayudar a las personas a reflexionar y comprometerse con el curso de acción que has sugerido: «¿No estaría muy bien obtener algunas calificaciones adicionales?».

Evitar los malentendidos: utiliza las preguntas-sonda para obtener clarificación, en especial cuando las consecuencias son importantes. Asegúrate de no precipitarte en las conclusiones.

Calmar conflictos: puedes tranquilizar a un cliente o a un colega furiosos mediante el uso de preguntas embudo para que puedan ofrecer más detalles de sus quejas. Esto no sólo los distraerá de sus emociones, sino que con frecuencia te ayudará a identificar alguna cuestión práctica que puedas solucionar. A menudo es suficiente con que les hagas sentir que han «ganado» algo y ya no es necesario que sigan enfadados.

Persuadir a la gente: a nadie le gusta que le den lecciones, pero plantear una serie de preguntas abiertas ayudará a los demás a adoptar las razones que fundamentan tu punto de vista. «¿Qué te parece si traemos aquí a los de fuerza de venta durante medio día para que actualicen sus notebooks?»

Plantear preguntas con habilidad tiene que ir unido a escuchar con atención para que puedas comprender lo que la gente realmente quiere decir con sus respuestas. Asegúrate de dar a la persona a la que preguntas tiempo suficiente para responder. Es posible que necesiten tiempo para pensar antes de responder, así que no interpretes una pausa como un simple «Sin comentarios». ¡La paciencia es una habilidad para tratar con las personas!

PASOS A SEGUIR

1. Piensa en una persona con la que te gustaría tener una relación mejor. Anota cinco preguntas que le puedas plantear

para establecer una relación de comunicación y saber más de sus intereses y valores.

2. Si te van a entrevistar para un trabajo próximamente, prepara cinco preguntas específicas sobre la empresa o industria que te ayudarán a decidir si el puesto es bueno para ti.

NOTAS DEL PLAN DE ACCIÓN

CAPÍTULO 11
Hablar de forma asertiva

No es un secreto que la habilidad de comunicar bien es esencial para tratar con las personas. Esto siempre ha sido cierto. Pero lo que una buena comunicación implica cambia constantemente, en especial en el entorno empresarial. Hace unos años, por ejemplo, había muchas menos mujeres en el mundo de los negocios de las que hay en la actualidad. La comunicación era en su mayor parte una experiencia de hombre a hombre. Ahora, sin embargo, en un ambiente laboral mucho más diverso, existen muchos aspectos nuevos que hay que tener en cuenta en todas las formas de comunicación profesional. Es más, la evolución continua de las nuevas tecnologías, como el correo electrónico, el correo de voz, los mensajes de texto y los celulares han creado nuevas categorías de comunicación. Estas tecnologías han incrementado en gran manera el ritmo y la eficiencia de los contactos de negocios, pero también han aumentado la posibilidad de errores y malentendidos. Vamos a ver estos cambios y otros muchos temas relacionados en este capítulo y en el siguiente.

En este capítulo nuestro análisis se va a centrar en la tercera habilidad esencial para tratar con las personas: la comunicación asertiva, específicamente el hablar. Compartiremos principios y aplicaciones que se refieren tanto a encuentros individuales como a reuniones y presentaciones. En el capítulo 12, nos concentraremos en escuchar de forma asertiva. Escuchar es una de las habilidades para tratar con las personas más subestimadas, y se merece un capítulo propio.

En cualquier campo que requiere un esfuerzo, existe una diferencia importante entre participación y competencia. Alguien puede ser capaz de hablar en nuestra lengua, pero eso no quiere decir que sea efectivo como orador profesional. Otra persona puede ser capaz de escribir frases completas, pero eso sólo no la capacita para publicar un libro. Con esta distinción en mente, el primer paso hacia la comunicación efectiva y asertiva es comprender que se trata realmente de una habilidad. El simple hecho de hablar no es comunicación, ni tampoco lo es el escribir. Estas son áreas que requieren atención, práctica y una mejora continuada. Cuestan trabajo, en especial cuando estás empezando a darte cuenta de la importancia de la buena comunicación para tener éxito en un puesto directivo. Quizá te sorprenda darte cuenta de que incluso las conversaciones aparentemente casuales se deben tratar con cuidado en el entorno de la empresa. Con frecuencia se dice algo en un contexto informal y más tarde queda claro que fue la causa de un malentendido.

LA COMUNICACIÓN EFECTIVA REQUIERE UN POCO DE PLANIFICACIÓN

En general, la mayoría de las conversaciones de negocios no están planificadas; son más o menos espontáneas. Como líder, debes establecer un equilibrio entre una comunicación amistosa y un intercambio eficiente y asertivo de información. Si estás planificando una conversación más formal con un objetivo significativo, lo primero que debes hacer es clarificar ese objetivo en tu mente. Después necesitarás un plan para lograrlo en el encuentro cara a cara. Es verdad que algunas personas son buenas «pensando sobre la marcha», pero eso ocurre generalmente porque ya han comprendido claramente el contexto y sus propias metas. Sin embargo, la mayoría de nosotros necesita un plan y mientras lo elaboras, aquí tienes tres puntos esenciales a tener en mente.

Primero, tienes que asegurarte de que tu mensaje es comprendido.

Segundo, tienes que comprender lo que se te está diciendo, incluso si el orador no es un comunicador especialmente bueno. Tendremos mucho más que decir sobre este aspecto cuando hablemos sobre cómo escuchar de forma asertiva.

Tercero, necesitas mantener el control de la conversación. Asegúrate de que se han expresado los puntos necesarios y de que se han formulado efectivamente las preguntas pertinentes. No es necesario decir que todo esto debe tener lugar durante un espacio de tiempo razonable.

LAS DINÁMICAS DE LA COMUNICACIÓN

Para comprender cómo se pueden satisfacer estos puntos, es necesario estudiar qué pasa realmente cuando una persona habla con otra. Se trata de un proceso mucho más creativo de lo que podrías pensar. El proceso no sólo implica comprender lo que se está diciendo, sino también captar los motivos del hablante, sus mensajes implícitos no expresados y cualquier ironía o sarcasmo que podría ir totalmente en contra del significado explícito de las palabras. En resumen, pasan un montón de cosas cuando la gente intenta comunicarse. Mediante el uso de un lenguaje sin ambigüedades y fácil de seguir, y un tono de voz claro, puedes facilitar que los demás comprendan exactamente lo que estás pensando, sintiendo y queriendo. Esto re resultará útil tanto si intentas resolver un problema con un miembro del equipo como si expresas aprecio o preocupación.

Puede parecer que una planificación cuidadosa de cómo debes expresarte te va a llevar mucho tiempo, pero a largo plazo vale la pena. Esto es especialmente cierto si tienes en cuenta el tiempo que te llevará deshacer malentendidos y asumir los sentimientos que habitualmente acompañan al hecho de no ser comprendido. Cuando lo hagas, verás que expresarte con más cuidado puede ahorrarte en realidad mucho tiempo y quizá también ahorrarle dinero a la empresa.

Si observas a dos personas inmersas en una conversación, te darás cuenta de que la comunicación humana deja muchas cosas sin decir. El oyente ha de rellenar la información ausente pero implícita. Por ejemplo, una secretaria le puede decir a un ejecutivo: «Ha llegado el de las dos». Si nos fiamos únicamente de lo que se ha dicho directamente, la afirmación no tiene demasiado sentido. Por supuesto, la secretaria quiere decir: «El cliente al que citaste a las dos ya está en la sala de espera». Por supuesto, el ejecutivo entiende el mensaje abreviado y, en la mayor parte de los casos, este proceso funciona muy bien. Sin embargo, en situaciones de cambio, ambigüedad, conflicto o presiones muy intensas para cumplir los plazos de entrega, la forma «abreviada» de hablar puede que no funcione en absoluto. Hay muchas razones para ello.

Por ejemplo, tus oyentes pueden llenar el hueco con una serie completamente diferente de detalles que nada tienen que ver con la que tú pretendías, o pueden no comprender el significado de lo que estás diciendo. Pueden quedarse con los detalles pero perderse la imagen de conjunto. Quizá sin ninguna intención de llevar a nadie a error, puedes omitir elementos importantes debido a las reacciones que crees que pueden provocar. Como los malentendidos pueden ser muy costosos tanto personal como profesionalmente, necesitas ambos aspectos para ayudar a tus oyentes y ofrecerles una imagen completa en un lenguaje que no los lleve a confusión o error.

LAS CINCO HERRAMIENTAS DE LA CONVERSACIÓN

Las investigaciones han demostrado que existen cinco herramientas principales que tus compañeros de conversación pueden utilizar para recrear tu experiencia dentro de sus mentes. Cuantos más elementos les proporciones, mayores serán las probabilidades de que la recreación de tus oyentes coincida con el mensaje que quieres transmitir. Veamos estas herramientas una por una.

HERRAMIENTA 1: *Cíñete a los hechos*

Primero, ¿qué has visto, oído o experimentado de cualquier otra forma que quieras transmitir a tus oyentes? Aquí resulta importante ceñirse sólo a los hechos. ¿Qué ocurrió, o qué no ocurrió? ¿Cuándo ocurrió, o cuando se supone que va a ocurrir? Por ejemplo: «Esta mañana he recibido el informe sobre el cliente nuevo en Florida». O: «Aún no he recibido el informe sobre el último estudio de clientes. Creía que habíamos acordado que debía estar para el pasado jueves».

HERRAMIENTA 2: *Comparte los sentimientos que te provocan los hechos*

Segundo, ¿qué sentimientos te provocan los hechos? Obviamente, en un contexto empresarial, tienes que tratar con una variedad relativamente limitada de emociones. Puedes estar complacido por algo que ha ocurrido, nervioso por algo que va a ocurrir, o decepcionado por algo que pensabas que no ha ocurrido. Un ejemplo puede ser: «Estoy verdaderamente contento de que manejaras la situación con tanta destreza» o «Cuando un cargamento se pierde como este, empiezo a perder confianza en tu forma de satisfacer nuestros pedidos».

HERRAMIENTA 3: Comparte lo que estás experimentando

Tercero, ¿qué interpretaciones, deseos, necesidades, recuerdos o expectativas apoyan dichos sentimientos? Una vez más, una conversación de negocios es algo muy diferente a pronunciar un brindis en la boda de tu hija. No es necesario ponerse emotivo, pero puedes y debes compartir parte de lo que experimentas como líder que trata con personas y proyectos muy diferentes. Si tu empresa está teniendo problemas con un sistema nuevo de correo de voz, por ejemplo, puedes mencionar que el ahorro que se deriva de un sistema automatizado es posible que no sea realmente eficiente desde el punto de vista de los costos. Si los clientes potenciales se sienten frustrados al hablar con una máquina y cuelgan, este puede ser un buen argumento para tener una recepcionista que atienda el teléfono. Puedes mencionar el hecho de que se pierden más negocios por una experiencia telefónica insatisfactoria que por cualquier otra razón.

HERRAMIENTA 4: Define lo que quieres

¿Qué acción, información o compromiso quieres ahora? Este es realmente el segmento clave de la conversación. Este es el punto al que querías llegar, y aquí es donde quieres ser un comunicador asertivo en el mejor sentido posible. Lo mejor es que introduzcas lo que vas a decir de un modo más o menos formal, que dejará claro a los oyentes que es el momento de prestar atención. La mejor forma de hacerlo es con una frase muy simple: «¿Puedo hacer una sugerencia?». Sencillamente, no hay forma mejor de decirlo. De hecho, si dices siempre «¿Puedo hacer una sugerencia?», casi se puede convertir en un reflejo condicionado para que los miembros del equipo agucen el oído. Entonces estarás en disposición de dar una directiva en un contexto muy positivo, porque has pedido permiso para hacerlo.

HERRAMIENTA 5: *Incluye una conclusión orientada al beneficio*

Finalmente, incluye siempre una conclusión orientada al beneficio con cualquier sugerencia que puedas hacer. Una secuencia típica puede ser como sigue: «Me alegra mucho oír que has sido capaz de cerrar esta venta por teléfono. Siempre es mucho más eficiente hacerlo así que tener una reunión cara a cara. ¿Puedo hacer una sugerencia? Cuando parece que el cliente que quiere una venta en persona llama, pregunta si lo puedes gestionar por teléfono, siempre que, por supuesto, tu relación con el cliente esté bien establecida. Si consigues hacerlo así, tus comisiones aumentarán, porque cerrarás más ventas en un período de tiempo más corto».

Esta plantilla en cinco partes es una herramienta muy potente para desarrollar conversaciones de negocios efectivas y asertivas. A pesar de ser tan sencilla y lógica, pocas personas son capaces de descubrirla por sí mismas. Muchas veces, los directivos empiezan por el punto número dos (los sentimientos que ha despertado en ellos), y con frecuencia lo hacen de una forma muy inadecuada. Esto es especialmente cierto cuando los sentimientos son negativos. «¡Me irrita mucho que sucedan cosas como esta!» De una u otra forma, esta frase se pronuncia literalmente miles de veces todos los días en empresas por todo el país. Pero ¿qué implica realmente? El énfasis está en lo que el directivo siente, mientras que los verdaderos maestros del liderazgo enfatizan los elementos profesionales de que se trata.

Estas cinco herramientas de la conversación asertiva pueden ser muy efectivas, pero no son todo lo que se requiere para una comunicación de negocios cara a cara efectiva. Siempre resulta una buena idea pedir confirmación de que lo que has dicho se ha comprendido con claridad. También es una buena idea preguntar de forma diplomática por cualquier reserva u objeción. La verdad es que esas objeciones casi siempre existen, pero no las manifestarán si no preguntas.

LAS PREGUNTAS SON UNA BUENA SEÑAL

Mientras hablas, puedes hacer un esfuerzo para responder cualquier objeción por adelantado añadiendo información que hará que tu mensaje sea mejor comprendido. De la misma forma, cuando hablan los demás, debes plantear preguntas para establecer el contexto de su pensamiento. Si no hay preguntas por parte de nadie, ya sean tus oyentes o tú, es muy posible que la comunicación no haya sido ni mucho menos ideal.

Este es un punto realmente importante. A medida que los directivos suben por la escala corporativa hasta alcanzar posiciones de alta dirección, les resulta fácil creer que todo el mundo los admira y está de acuerdo con ellos. Idealmente, este será el caso, pero también puede ser que los miembros del equipo tengan miedo de decir lo que piensan. Como líder, debes asumir que la gente tiene que cuestionar o añadir a lo que les has explicado. Si no dispones de esas opiniones, debes suponer que no has completado la conversación de forma correcta. En este sentido, una charla de negocios asertiva es como una llamada de ventas. Si el cliente no ha puesto de manifiesto objeciones, casi siempre aparecerán los remordimientos del comprador y más tarde puede que se produzcan repercusiones negativas. Por eso no dejes que tu ego te convenza de que todo ha sido comprendido y aceptado. De hecho, deberías trabajar con la asunción contraria.

Una vez hayas escuchado las objeciones a tu mensaje, deberás utilizar una técnica básica de dinámica interpersonal. Es decir, debes repetir y confirmar lo que acabas de escuchar. Una vez más, existe una forma muy simple de abordar este tema con una sola frase. Di: «Deja que me asegure de que he comprendido lo que estás diciendo». Después repite lo que te acaban de decir, no palabra por palabra, pero de una forma ligeramente diferente. Expresa de otra forma lo que el miembro de tu equipo acaba de comunicar de manera que demuestres que lo has escuchado, comprendido y evaluado reflexivamente. Ten también en mente que no siempre es necesario responder a las objeciones en el preciso instante en que se formulan. Date tiempo para responder de la mejor manera posible. Lo primero que tienes que hacer es sacar las objeciones a relucir. Lo segundo es mostrar que las has comprendido y las has tomado en serio. Afirma tu mensaje, plantea preguntas que hagan aflorar las objeciones y después asegúrate que las has comprendido y respetado.

ESCRIBE Y COMPARTE LAS IDEAS SIGNIFICATIVAS

Si a tu juicio la conversación ha tratado de temas sustanciales, tómate tiempo para redactar un resumen de lo que se ha dicho y envíalo por correo electrónico a las partes implicadas. Sorprendentemente, esto es casi más importante para los encuentros que tienen lugar junto a la máquina del café que para las reuniones formales en las salas de conferencias. A veces decisiones muy importantes se toman espontáneamente y con poca fanfarria. Se pueden introducir ideas nuevas. Se pueden plantar semillas que, si se cuidan correctamente, se pueden convertir en proyectos importantes.

Redactar un mensaje de correo electrónico en este contexto es uno de los mejores usos que se pueden hacer de las tecnologías de la información. Es una forma de crear con rapidez y hacer circular un recordatorio. Aunque es probable que no se convierta en nada tremendamente significativo, siempre existe la posibilidad de que sí lo sea. También existen otras ventajas. Tu e-mail puede proporcionar o pedir más clarificaciones. En otras palabras, ¿es esto lo que hemos hablado y acordado? Y al poner por escrito tus pensamientos, puedes reconocer preguntas u omisiones que se pasaron por alto en la conversación inicial.

GESTIONAR EL CONFLICTO DE FORMA CONSTRUCTIVA

Aunque utilices todas las herramientas y las técnicas que hemos estado analizando, seguirá habiendo ocasiones en que las conversaciones deriven hacia la confrontación y el conflicto. Enfrentémonos directamente a esta realidad viendo de nuevo lo que significa realmente la asertividad. Según el diccionario significa: «declarar o afirmar con claridad». Este debe ser siempre tu objetivo. La asertividad no significa ganar. No significa apuntarte más tantos en la conversación. Si la gente discute contigo e incluso pierde los estribos, debes permanecer asertivamente en calma. Al hacerlo, puedes seguir como guía la siguiente plantilla en dos partes.

Primero, reconoce lo que se está diciendo mostrando comprensión por la posición de la otra parte, o simplemente repitiéndola, como hemos comentado anteriormente. En el contexto de una discusión acalorada, esta es una forma educada de decir: «Ya te he oído».

Después, reafirma tu punto de vista de forma clara y concisa, con el apoyo de algunas evidencias. Sin embargo, ten cuidado de no aportar demasiadas pruebas porque no quieres dar la impresión de que estás presentando un caso ante un tribunal. A continuación expresa claramente lo que quieres que ocurra. Esta es una forma de avanzar en la discusión, en lugar de seguir peleando sobre el mismo terreno.

No hay duda de que en algunas ocasiones un argumento muy poderoso por tu parte tendrá un resultado positivo. Pero también habrá momentos en que no te llevará a ninguna parte, en especial con personas que no quieren escuchar. A veces esos individuos serán subordinados, pero con frecuencia descubrirás que los que plantean obstrucciones son los miembros de la dirección. Si ese es el caso, tendrás que estar de acuerdo con la decisión de la alta dirección, pero también deberás dejar bien claras tus objeciones y tus razones.

Si crees que tienes razón, dilo. Concede la misma libertad a los miembros de tu equipo. Siempre tienes que estar abierto a la posibilidad de que alguien que no esté de acuerdo contigo tenga razón. Si los acontecimientos demuestran que era así, entonces reconoce el hecho con dignidad.

Siempre que tengas un encuentro difícil, sé profesional. No pierdas el autocontrol, incluso si quieres que parezca que eso es precisamente lo que has hecho. Si deliberadamente parece que has perdido los estribos para producir un efecto, que sea una decisión consciente. Recuerda que los insultos son fundamentalmente ineficaces. Insultar a la gente sólo distrae. No es probable que escuchen lo que tienes que decir. A corto plazo es posible que sientas cierta satisfacción o excitación, pero tendrás que pagar el precio de una discusión prolongada e intensificada.

Como corolario, es necesario insistir en que las palabras malsonantes no deberían formar parte de la comunicación asertiva. Esto es menos una cuestión de moralidad que de simple naturaleza humana. Si se incluyen ciertas palabras en la conversación, en especial con un tono airado, se convierten en palabras calientes, las únicas palabras que escuchan realmente los oyentes. En este sentido, las palabrotas en realidad minan el contenido de tu mensaje y, por supuesto, para muchas personas resultan verdaderamente desagradables e incluso ofensivas. En lugar de reaccionar inmediatamente y decir algo que puedas lamentar, da un paso atrás y demora tu reacción.

COMUNICACIÓN EN REUNIONES Y PRESENTACIONES

Hasta ahora nos hemos centrado en la comunicación verbal entre dos personas. Para el equilibrio de este capítulo, vamos a analizar las comunicaciones de grupo que tienen lugar en reuniones y presentaciones.

En cualquier empresa, las reuniones son una parte vital del trabajo y del flujo de la información. Las reuniones son los vehículos para recopilar los recursos de muchas fuentes y dirigirlos hacia una meta común. Sin embargo, a nadie le gustan las reuniones. La mayoría de la gente considera que son inútiles, aburridas, una pérdida de tiempo, insoportables e inconvenientes.

Como líder, tu reto es romper esta percepción y hacer que tus reuniones sean efectivas. Como con cualquier otra forma significativa de comunicación, las reuniones se deben planear por adelantado, se deben dirigir con cuidado mientras progresan y se deben revisar después para ver qué ha ido bien y qué se puede mejorar. En realidad, una reunión es la máxima expresión de una conversación dirigida en el marco de un ambiente de negocios. Si logras labrarte la reputación de convocar reuniones decisivas y efectivas, los miembros de tu equipo valorarán esta eficiencia y se prepararán bien para que sus contribuciones sean escuchadas. Al mismo tiempo, tus superiores tomarán nota de tu trabajo en este terreno tan difícil.

Asistentes

En cualquier reunión, la primera cuestión es siempre: ¿quién debe asistir? ¡Sé estricto! Una reunión pierde su efectividad si implica a demasiadas personas. Si alguien insiste en asistir, explícale que realmente no es necesario y disuádelo con educación pero con firmeza. Normalmente, la mayoría de las personas se sienten muy felices de librarse de una reunión.

Duración

¿Cuánto tiempo planeas que dure la reunión? Parece difícil predecir la duración de una reunión, pero debes intentar hacerlo. Las conversaciones suelen llenar el tiempo disponible, de manera que si la reunión no tiene un límite, será inacabable. Debes designar una hora para el final de la reunión, de manera que todo el mundo pueda planificar el resto del día con seguridad.

Haz que todo el mundo que deba asistir conozca por adelantado el tiempo límite de la reunión y recuérdaselo a los asistentes al principio de la reunión. A menudo se tiene la tendencia a ver las reuniones como un momento de relajación, puesto que nadie tiene que estar activo mientras duran. Puedes cambiar esta visión enfatizando el límite temporal: «Esto es lo que tenemos que lograr y este es el tiempo que tenemos para hacerlo». Si durante la discusión surge inesperadamente un tema nuevo e importante, cíñete al orden del día planificado. El tema nuevo se tendrá que tratar en una reunión independiente.

Orden del día

El propósito del orden del día de una reunión es informar por anticipado a los participantes de los temas de la reunión y estructurar la discusión durante la celebración de la misma. Para informar a la gente de antemano y solicitar ideas, haz circular un borrador del orden del día y pide comentarios. Después elabora un orden del día revisado y vuélveselo a enviar a los participantes lo antes posible.

El orden del día definitivo fija los objetivos de cada sección de la reunión. Debe haber un objetivo para cada sección. Si dicho objetivo no se puede resumir en unos pocos puntos, es muy probable que sea demasiado complejo. El propósito de la reunión debe ser lo suficientemente preciso para que se pueda resumir en un pequeño titular que encabece el orden del día impreso.

Coordinar las contribuciones

Mientras la reunión está en marcha, como líder y moderador debes coordinar de forma asertiva las contribuciones de todos los presentes. El grado de control que ejerces sobre la reunión puede variar durante su desarrollo. Si la empiezas con el pie derecho, una reunión puede funcionar sola, en especial si los participantes se conocen bien. Sin embargo, siempre debes estar dispuesto a intervenir para completar los objetivos de la reunión.

Propósito

El propósito de una reunión puede sugerir una forma específica de conducir el acto. Por ejemplo, si el propósito es compartir información, la reunión puede empezar con una presentación formal seguida de preguntas. Si el propósito es buscar información para ver cómo se gestiona un tema específico, puede empezar con un breve resumen del problema y después avanzar hacia una discusión abierta o una sesión de lluvia de ideas. Si la meta de la reunión es llegar a una decisión de algún tipo, el grupo puede revisar las opciones, establecer los criterios que se deben aplicar, acordar cómo se debe tomar la decisión, y después proceder a tomarla. Ten presente que el éxito de una reunión depende a menudo del nivel de confianza de los participantes. Todas las ideas pertinentes deben ser bienvenidas. Nadie debe ser despreciado y no hay que reírse de nadie, e incluso las ideas flojas deben tratarse con seriedad. Todas estas reglas se deben seguir diligentemente con espíritu de comunicación asertiva y de habilidades correctas para tratar con las personas.

Al cerrar este análisis de comunicación verbal y de habilidades para tratar con las personas, resulta interesante señalar lo básico que es este tema para el éxito humano. La historia bíblica de la Torre de Babel es una buena ilustración. Describe el intento de una civilización de construir un edificio tan alto que pueda alcanzar los cielos. La Biblia explica que el proyecto fue un éxito. La torre era cada vez más alta y no daba señales de parar. Esta, por supuesto, no era la forma en que la humanidad tenía ordenado entrar en el Paraíso, de manera que el Creador acabó con el proyecto. Sin embargo, no necesitó ni emplear rayos ni terremotos. El Creador simplemente introdujo la idea del lenguaje en el mundo. La gente ya no podía comprender lo que se decían los unos a los otros, y el progreso de la Torre de Babel se detuvo.

Aunque no creas que tu empresa sea un medio para alcanzar el cielo, se trata de un esfuerzo colectivo que depende totalmente de la buena comunicación. Si los miembros de tu equipo y tú no pueden compartir ideas de forma proactiva y en colaboración, todo lo demás no importa. El fracaso en la comunicación significa la condenación de cualquier tarea compartida. Por otro lado, literalmente cualquier cosa es posible cuando la gente es capaz de trabajar junta. Ten esto presente siempre que hables con los miembros de tu equipo, y podrás conseguir más de lo que hubieras imaginado nunca.

PASOS A SEGUIR

1. Con frecuencia asumimos que estamos comunicando de forma efectiva y que se comprenden nuestras directivas. Sin embargo, no siempre es así. Durante la próxima semana, comprueba tus habilidades comunicativas verificando, con aquellos con los que te has comunicado, que el mensaje recibido es el mensaje que pretendías transmitir. Puedes hacerlo simplemente pidiéndoles que repitan lo que les dijiste para poder clarificarlo.

2. Cuando te comunicas, idealmente deberías incorporar las cinco herramientas siguientes a tu repertorio de presentaciones:

Herramienta 1: Cíñete a los hechos

Herramienta 2: Comparte los sentimientos que te provocan los hechos

Herramienta 3: Comparte lo que estás experimentando

Herramienta 4: Define lo que quieres

Herramienta 5: Incluye una conclusión orientada al beneficio

Tómate algún tiempo para elaborar una presentación, idealmente una que puedas utilizar en una reunión próxima. Después revisa las cinco herramientas anteriores para asegurarte de que has aplicado las cinco a tu discurso. Más tarde, anota cualquier novedad que hayas descubierto en respuesta a tu presentación y su efectividad.

3. Gestionar los conflictos de forma constructiva en el trabajo puede resultar difícil. ¿En cuál de los siguientes campos podrías incidir para mejorar tus habilidades para resolver conflictos? Marca con una X aquellas áreas que crees que requieren una atención adicional, después elabora un plan para desarrollar dichas habilidades e intégralo en tu rutina diaria.

❑ Declaro o afirmo claramente mis intenciones.

❑ Mi intención no es ganar, sino apuntarme más tantos en la conversación.

❑ Permanezco tranquilamente asertivo.

❑ Reconozco lo que se está diciendo demostrando que comprendo la posición de la otra parte.

❑ Expreso mi punto de vista de forma clara y concisa apoyado en unas pocas pruebas.

❑ Declaro claramente lo que querría que ocurriese a continuación.

❑ Cuando es necesario, estoy de acuerdo con la decisión de un miembro de la alta dirección.

❑ Cuando es necesario, expreso mis objeciones y razones con claridad.

❑ Estoy abierto a la posibilidad de que alguien que esté en desacuerdo conmigo pueda tener razón.

❑ Permanezco tranquilo y no pierdo el autocontrol.

❑ No insulto ni descalifico a la gente.

❑ Si tengo un encuentro difícil, siempre me comporto de forma profesional.

NOTAS DEL PLAN DE ACCIÓN

*Este es uno de los hechos básicos de la psicología humana.
Nos sentimos halagados por la atención que nos prestan
otras personas. Nos hace sentir especiales. Queremos estar
rodeados de personas que muestran interés en nosotros.
Queremos tenerlos cerca. Y tenemos tendencia a devolverles
su interés mostrando interés por ellos.*

Dale Carnegie

CAPÍTULO 12
Escuchar de forma asertiva

Escuchar es un arte, una habilidad y una disciplina, y como otras habilidades, necesita autocontrol. Como líder, debes comprender lo que implica escuchar y desarrollar las técnicas necesarias para estar en silencio y prestar atención a lo que estás escuchando. Debes aprender a pasar por alto tus propias necesidades y concentrar la atención en la persona que habla. Oír sólo se convierte en escuchar cuando prestas atención a lo que se está diciendo y lo sigues muy de cerca.

Sin lugar a dudas, escuchar es una habilidad esencial para tratar con las personas. Las investigaciones demuestran que la mayor parte de la gente pasa el 70 por ciento de sus horas de vigilia interactuando con otros seres humanos de alguna forma, y el 45 por ciento de ese tiempo lo pasan escuchando. Como cualquier actividad a la que le dedicas gran parte del día, es mejor ser bueno que malo en ello. Escuchar de forma asertiva es ser bueno escuchando, y el primer paso en esta dirección es comprender lo que ocurre realmente durante una interacción conversacional humana.

OBEDECER LAS REGLAS DE LA CONVERSACIÓN

Las analogías nunca son perfectas, pero hay una analogía que se acerca muchísimo a explicar con precisión y exactitud lo que ocurre cuando la gente habla y escucha. Se trata de una analogía entre la comunicación humana y conducir un coche en medio del tráfico. Es casi seguro que nunca te has presentado a las personas que están en sus coches a tu alrededor, pero cuando vuestros coches llegan juntos a una señal de stop, se entiende que todo el mundo se detendrá. Según las normas de tráfico, el coche a la derecha tiene preferencia y la mayoría de la gente lo respeta. Dejan que el coche de la derecha entre primero en el cruce. A veces la gente incluso hace un pequeño gesto para indicar al otro conductor que se dé prisa en avanzar y normalmente el otro conductor devuelve un pequeño gesto de agradecimiento. Así es como funciona, y después de llevar conduciendo durante alguien tiempo, todo el mundo comprende los diferentes protocolos y se ciñe a ellos.

Por supuesto, hay excepciones. Algunos corren. Otros conducen demasiado despacio. Ante las señales de stop, algunas personas no respetan la preferencia, y otros atraviesan el cruce sin ni siquiera pararse. Este es un comportamiento extremadamente irresponsable y peligroso, y hay castigos para evitarlo. Existen las multas de tráfico y las retiradas de carné, sin mencionar la posibilidad de sufrir un accidente mortal.

Una conversación funciona básicamente de la misma forma, aunque las señales de stop y de tráfico son un poco más sutiles. Es posible que no conozcas a la persona con la que estás hablando, pero la experiencia te ha enseñado que hay momentos en que ha llegado tu turno para escuchar y momentos en que tienes el turno para hablar. No existen señales físicas de stop para indicar estos lugares, pero has aprendido a sentirlos y respetarlos. Al igual que ciertos cruces pueden ser complejos y estar congestionados, las conversaciones que implican a muchas personas pueden requerir una mayor atención por parte de todos. Incluso si hay cuatro o cinco personas hablando, las cosas pueden funcionar de manera eficaz si todas las partes obedecen las reglas.

Sin embargo, aquí también existe el problema de la gente que no obedece las reglas. Existen corredores conversacionales, cuyas revoluciones verbales siempre van aceleradas. Hay personas que hablan con tanta lentitud y en voz tan baja que escucharlos es como quedar atascado detrás de un granjero anciano en una camioneta en una carretera rural de dos carriles. Pero también están los conversadores realmente peligrosos, que parecen dispuestos a provocar accidentes mediante la grosería y la insensibilidad. Lo desafortunado con estos quebrantadores de las reglas es que aquí no hay policías de tráfico que los puedan sacar de la carretera, y se aprovechan de este hecho. Como no existe ningún mecanismo de sanción para el tráfico verbal, se aplican a fondo.

Cuando conduces tu coche, es muy posible que vayas lo más rápido que permite la seguridad para llegar a tu destino en el menor tiempo posible. No sueles conducir tan rápido, pero es posible que vayas diez o veinte kilómetros por hora por encima del límite de velocidad en la autopista. ¿Qué ocurre cuando entablas una conversación? ¿Vas a 60 en una zona de 50? ¿Te detienes completamente ante una señal de stop, o sólo reduces la velocidad y te la saltas?

De la misma forma que puedes conducir un poco por encima del límite de velocidad, también existe una probabilidad muy alta de que estés más atento a hablar que a escuchar. Para convertirte en un oyente asertivo, lo primero que necesitas es ser consciente de esta tendencia, y después tienes que cambiarla.

ESCUCHAR DE FORMA EMPÁTICA

Todos queremos hablar y todos queremos que nos escuchen. Sin embargo, ¿sabes lo que significa escuchar, escuchar de verdad? Se trata de algo más que de oír las palabras. Se trata de comprender verdaderamente el mensaje del otro, así como sus circunstancias y sentimientos. Este es el significado de la empatía, y la empatía es un elemento básico para escuchar de forma asertiva. Empatía significa comprender tan bien a las demás personas, que por un momento puedes experimentar sus sentimientos. Se trata de escuchar con tanta intensidad e identificarte tan estrechamente que experimentas la situación, los pensamientos y las emociones de la otra persona. Los buenos amigos lo hacen; al igual que los buenos médicos y los buenos líderes.

Escuchar de forma asertiva y empática demuestra que te

preocupas y comprendes a las demás personas. Cuando ellas sienten esto de tu parte, se sentirán naturalmente más cómodos y confiados en su comunicación contigo. Confiarán en ti y se abrirán más. Si creen que los has malinterpretado, sentirán que es adecuado corregir tu impresión. Como consecuencia, conseguirás una idea mucho más clara y precisa de lo que realmente se está diciendo.

En resumen, escuchar de forma asertiva te permite conocer mucho más acerca de los miembros de tu equipo. Atraviesa la superficialidad de la conversación y saca a la luz lo que hay realmente en la cabeza de la gente. Como oyente asertivo, eres capaz de dirigir la conversación hacia los temas importantes sin necesidad de hacerlo de una manera formal. Como el orador sabe que es seguro hablar de estos temas, él o ella expresarán sus sentimientos reales. Esto no es sólo una buena práctica de negocios por tu parte, sino que es un comportamiento genuinamente afectuoso.

Al principio, escuchar de forma asertiva puede requerir una atención muy centrada y cierto esfuerzo, pero verás con rapidez que hace que las conversaciones profesionales sean más fáciles. Puede reducir la impaciencia que con tanta frecuencia forma parte de las interacciones de negocios. También puede eliminar asunciones negativas erróneas, porque habrás desarrollado una comprensión mayor de lo que realmente quiere la otra persona implicada en la conversación. Escuchar de forma asertiva es una de las habilidades más importantes para tratar a las personas que podrás adquirir jamás. Resulta sorprendente que tan pocas personas lo hagan bien.

BARRERAS DE LA CONVERSACIÓN QUE SE DEBEN EVITAR

Escuchar de forma asertiva, como hemos visto, se basa en querer conocer de verdad al otro. También requiere evitar algunas de las barreras más habituales de la conversación. Vamos a echarles un vistazo a algunas de ellas.

Primera, evita compararte constantemente con el orador. La mayoría de las personas no lo dice explícitamente, pero cuando alguien está hablando, sus mentes están llenas de pensamientos como: «¿Yo soy más listo que esa persona?», «¿He tenido una vida más dura que esa persona?» o, en especial, «A ver si este tipo acabe de una vez de hablar para que yo pueda explicar mi anécdota, que, por cierto, es mucho más interesante que lo que hemos estado escuchando».

Esta última tendencia es muy significativa. Una vez eres consciente de ella, te sorprenderás de la frecuencia con la que aparece tanto en tus pensamientos como en las conversaciones en las que participas. Zig Ziglar la llama jugar al «y yo más». Se trata del impulso de superar inmediatamente la historia de otra persona. Alguien dice: «Mi avión sufrió un retraso de dos horas en Chicago», y tú añades de inmediato: «Yo sufrí un retraso de tres horas en Denver». Él dice: «Me rompí el brazo», y tú piensas: «Yo me rompí la pierna». Ella explica: «Pesqué un pez grande», y tú empiezas inmediatamente a buscar en tu memoria el pez más grande que hayas podido pescar, o quizás el pez más grande que pescó tu cuñado, si es que era realmente grande. De esto se trata cuando se juega al «y yo más». Es tan habitual que lo reconocerás enseguida, y sin duda puedes ver por qué es el enemigo mortal de la escucha asertiva.

EVITA LEER LA MENTE

Una segunda barrera implica intentar leer la mente de la persona que está hablando, en lugar de escuchar lo que está diciendo. Si alguien dice: «Realmente me gusta trabajar aquí», tú interpretas que significa: «No le gusta trabajar aquí, pero lo dice porque teme perder su empleo». Esto es leer la mente, no escuchar. Una vez más, te estás concentrando en tus poderes de interpretación en vez de escuchar lo que está diciendo la persona y, al menos por un momento, darle el beneficio de la duda.

El tercer obstáculo para escuchar asertivamente se llama filtraje. Básicamente, consiste en que prestas atención cuando oyes algo que te interesa o con lo que estás de acuerdo y no prestas atención al resto. Una buena parte de todas las conversaciones, ya sean profesionales o personales, se centra en establecer una sensación de complicidad o de interés compartido con nuestro interlocutor. Si esta sensación de interés compartido o acuerdo no se produce, existe una tendencia a descartar lo que la otra persona está diciendo. Es más, si el hablante indica un interés en algo que a ti no te interesa en absoluto, incluso puedes decidir obviar completamente a esa persona. Si alguien te explica que asiste todas las semanas a carreras del NASCAR y que posee un pitbull, tú puedes devaluar sus ideas para tu negocio simplemente porque no eres aficionado al NASCAR y te gustan más los gatos que los perros. Es posible que esta persona tenga ideas excelentes sobre estrategia de márketing, pero tú no lo sabrás nunca.

Más allá de estas tres barreras, hay muchas, muchas más. Mucha gente es muy crítica: deciden que una afirmación es «loca», «aburrida», «inmadura» u «hostil» incluso antes de que se haya completado. Otras personas adoptan un enfoque terapéutico de la conversación, introduciendo silenciosamente sus recetas y consejos a lo largo del diálogo. Quizás experimentas cada conversación como un debate intelectual, con el objetivo de derrotar al oponente. Quizás estés convencido que siempre tienes razón en temas de negocios, así que ¿para qué vas a escuchar? Si tienes miedo de tener una conversación seria, es posible que sigas explicando chistes para que no se entre en nada serio. Por esta misma razón, puedes estar siempre de acuerdo con la otra persona para permanecer tranquilo en tu zona de seguridad.

Al leer estos obstáculos a la escucha asertiva, es muy posible que te hayas visto reflejado en al menos alguno de ellos. Eso es bueno. No hay forma de cambiar un comportamiento hasta que no sabes que existe.

Debido a éstas y otras barreras que son inherentes a la mayoría de las conversaciones, resulta típico que la gente sólo recuerde el 65 por ciento de lo que ha escuchado veinte minutos después de que haya tenido lugar una conversación. Escuchar de forma asertiva no es fácil. Ni siquiera es natural, teniendo en cuenta que los obstáculos que acabamos de ver son expresiones naturales de la psicología interpersonal. Nuestra concentración sólo dura un breve espacio de tiempo antes de distraernos. Le ocurre a todo el mundo, pero los oyentes asertivos realizan un esfuerzo para volver al rumbo correcto. Plantean preguntas clarificadoras, y aseguran al hablante que el mensaje está siendo escuchado y comprendido. Sobre todo, los oyentes asertivos se protegen contra los prejuicios y la parcialidad, las opiniones estrechas y las defensas interiores que nos impiden escuchar lo que se está diciendo realmente. Para que esto no ocurra, recuerda algo que escribió Mark Twain: «Si se supone que deberíamos hablar más que escuchar, tendríamos dos bocas y una oreja».

RESPUESTAS POBRES AL ESCUCHAR

A medida que escuchas, también debes responder. ¿Por qué? ¡Para que puedas escuchar más! Por supuesto, incluso los malos oyentes responden de una u otra forma, pero existe un abanico muy amplio de respuestas que van de la hostilidad evidente a la verdadera empatía. Echemos un vistazo rápido a este abanico de abajo arriba, desde la indiferencia insensible a la forma de escuchar genuinamente asertiva.

En lo más bajo de la escala de escucha encontramos a la gente que no sólo quiere que cambie el tema, sino que interviene para cambiarlo. Alguien dice: «Creo que deberíamos tener menos reuniones los viernes», y el oyente replica: «¿Cómo van los Mets?».

Un escalón más arriba se encuentra el «Yo lo sé mejor». El hablante dice: «Mi computadora se ha estropeado» y tú replicas: «Lo dudo. Le echaré un vistazo cuando tenga tiempo». Con frecuencia el oyente añade (o al menos piensa) algo más, como: «Deberías haber leído el manual de instrucciones» o «Está claro que eres un analfabeto tecnológico».

Una extensión de esta es la respuesta crítica. A una persona que comenta que ha comido demasiado durante el almuerzo, le replicas: «La obesidad es una desgracia nacional y provoca el aumento del costo de los seguros de salud». Este es un ejemplo extremo, por supuesto, pero el impulso de juzgar es muy fuerte en muchos de nosotros. Escuchar de forma asertiva exige que nos quitemos nuestra toga de juez, al menos durante la duración de la conversación.

Lo siguiente que aparece es el consejo, que es una respuesta algo menos moralista que la crítica.

Un colega te explica que tiene miedo de pedir un aumento. En lugar de responder a lo que él quería que escucharas (que tiene miedo), tú le explicas lo que tiene que poner en un informe al jefe. O, en la misma línea, puedes devaluar lo que está sintiendo bajo el disfraz de tranquilizarlo. Puedes decir algo parecido a esto: «Oh, todo el mundo se pone nervioso al pedir más dinero. Pero no dejes que eso te domine». En otras palabras, no quiero saber nada más sobre ello.

Una vez más, la mayoría de nosotros somos culpables de algunas de estas respuestas poco empáticas. Si ocurriese sólo en unas pocas ocasiones no habría problema, pero las cualidades de los malos oyentes parece que establecen hábitos. Nos convertimos habitualmente en los que cambiamos de temas o damos consejos. Por supuesto, la mejor forma de acabar con una mala costumbre no es suprimirla, sino reemplazarla por una buena costumbre. Vamos a ver cómo podemos subir por la escala de las respuestas al escuchar en dirección a las opciones positivas y asertivas.

OPCIONES POSITIVAS Y ASERTIVAS AL ESCUCHAR

La primera de estas opciones es corregir cualquier comprensión asumida de algunos de los pensamientos, sentimientos o circunstancias de la otra persona. Es posible que hayas escuchado algo de lo que se ha estado diciendo o implicando, pero no todo. Por tu parte, formulas algunas conclusiones para tu fuero interno. Si el hablante se da cuenta, es posible que renuncie a decir nada más. Como esta comprensión limitada es con frecuencia un proceso inconsciente por parte del oyente, es importante que te entrenes para pedir clarificación y elaboración, incluso cuando no creas que sea realmente necesario. No supongas que has escuchado todo lo que necesitas saber. De hecho, asume lo opuesto.

Por encima de este nivel de respuesta nos empezamos a acercar a la escucha realmente asertiva. Ahora respondes con empatía genuina. Te pones realmente en la piel de la otra persona. Tus comentarios reflejan lo que el hablante te ha explicado. Al escuchar, tus comentarios son breves y precisos. Parafraseas y reflejas lo que has escuchado, pero lo haces con tus propias palabras y de forma que parezca respetuosa y natural. Como resultado, el hablante sabe que le estás escuchando con atención y que te importa lo que está diciendo. Lo que decimos es un reflejo de nuestras habilidades para escuchar.

Para esto se requieren habilidades y técnicas. Lo mejor, por ejemplo, es expresar tus comentarios de forma un poco tentativa, porque las preguntas empáticas son realmente afirmaciones. Cuando preguntas: «¿Estás desanimado?», en realidad estás diciendo: «Veo que estás triste por algo». Aunque vayas un poco errado en el tiro, un enfoque tentativo da al hablante la oportunidad de corregirte y devolverte a la senda correcta. Por esta razón resulta importante realizar comentarios frecuentes que reflejen tu comprensión de lo que se acaba de decir. Si el hablante no obtiene de ti ningún comentario durante dos o tres minutos, puede llegar a la conclusión de que has perdido interés o de que desapruebas lo que estás escuchando, o de que no lo comprendes.

APORTAR COMENTARIOS CONSTRUCTIVOS

A medida que adquieras más experiencia con la escucha asertiva, alcanzarás un nivel de respuesta totalmente nuevo. En ese momento ocurrirá algo realmente sorprendente: con frecuencia serás capaz de comprender lo que la gente piensa y siente a veces incluso antes de que lo sepan ellos. De hecho, les puedes ayudar a alcanzar este nivel de perspicacia a través de las preguntas que plantees. Con mucha frecuencia agradecerán tus comentarios y adoptarán tu interpretación y análisis. Como oyente asertivo, sabrás exactamente cuándo presentar tus ideas de esta forma. No será algo que quieras hacer demasiado pronto. Si das una interpretación con demasiada rapidez, puede parecer demasiado personal, crítica o prematura. Por eso resulta inteligente ser tentativo. Expresarlo con «Me estaba preguntando si...» o «Intuyo que...» puede resultar muy útil.

Los oyentes genuinamente asertivos con frecuencia pueden compartir comprensiones profundas que no sólo son útiles, sino que pueden transformar positivamente una vida. Dale

Carnegie era, desde luego, uno de esos oyentes, y las herramientas y las técnicas que dominaba han sido difundidas al mundo a través de sus libros y sus programas de formación. Te puedes estar preguntando si podrás alcanzar ese nivel de habilidades para tratar con las personas. No te preocupes. Nada de lo que logró Dale Carnegie está fuera de tu alcance, y eso es especialmente cierto en el campo de la escucha y la comunicación asertivas.

TÉCNICAS DE ESCUCHA ADICIONALES

Para completar este capítulo, vamos a resumir algunos de los puntos centrales de este tema. Estas son técnicas de escucha básicas que puedes utilizar para mejorar tus habilidades de comunicación asertiva.

Recuerda, por ejemplo, que parafrasear es una buena forma de demostrar al hablante que realmente has estado escuchando. A menudo permitirá también una comprensión mejor por tu parte, mientras le demuestra al hablante que valoras lo que está diciendo. Cuando se produzca una pausa natural en la conversación, resume brevemente lo que has escuchado que decía tu compañero repitiéndolo con tus propias palabras. Después pregunta si es correcto.

Formula preguntas y pide clarificación de todo lo que no hayas acabado de comprender. Pedir a la gente que explique sus sentimientos les ayuda a ser más abiertos y puede contribuir a que consigan una comprensión más profunda. Asegúrate de que has comprendido lo que has estado escuchando antes de reaccionar ante lo que se ha dicho. Recuerda que tanto tú como el hablante probablemente no son conscientes del proceso de filtraje subjetivo que tiene lugar durante la charla, así que asegúrate de pedir clarificación incluso cuando crees que no es necesario.

Cuando escuchas de forma asertiva, también debes ser asertivo al expresar tus comentarios. Estos comentarios consisten simplemente en explicarle al hablante tus reacciones ante lo que has escuchado. Deja claro que estos comentarios se basan en tu comprensión de lo que se ha estado diciendo. Si el comentario es negativo en cualquier aspecto, asegúrate de dejar claro que tu comprensión puede necesitar algún ajuste. Ten siempre en mente tres reglas básicas para intervenir con un comentario en cualquier conversación de negocios: debe ser inmediato; debe ser honesto, y, aunque el contenido puede ser negativo, siempre tiene que ser emocionalmente de apoyo y nunca despreciativo o agresivo.

Ten cuidado con el lenguaje corporal. Más del 90 por ciento de la comunicación interpersonal es visual. No sólo recibes palabras, sino también información a través de la postura y lo que se llama distancia social (a qué distancia se encuentra la persona de ti y si te está mirando o mirando a otro sitio). Con mucha frecuencia el lenguaje corporal prevalece sobre las palabras. Adopta una postura que sugiera empatía, apertura y atención. Asiente ocasionalmente con la cabeza mientras escuchas, y mantén un contacto visual apropiado para mostrar interés. Algunas personas sienten que los asentimientos y el contacto visual del oyente les animan a seguir. Otros encuentran que este lenguaje corporal les distrae y prefieren que el oyente esté quieto y atento. Usa tu propio juicio. Hacer de espejo del hablante es una forma de conseguir que el hablante se sienta cómodo. Si sientes una discrepancia entre lo que se está diciendo explícitamente y lo que ves, pide clarificación.

Ten en cuenta que interrupciones, consejos o preguntas inquisitivas son barreras para escuchar de forma asertiva. En un contexto de amistad o en una conversación personal, relatar una historia similar a la que has escuchado es aceptable. Pero en una conversación de negocios, puede provocar distracción y normalmente es un ejemplo de jugar al «y yo más». Si te descubres diciendo: «Esto me recuerda una vez…», resiste la tentación de seguir adelante.

LA SINCERIDAD ES LA CLAVE

En cualquier caso, la sinceridad es el elemento crucial en toda comunicación humana, ya sea como hablante o como oyente. La mayor parte de las personas es capaz de aceptar una amplia variedad de estilos en un oyente, siempre que tu atención esté realmente dirigida hacia ellos. Como oyente asertivo, debes aprender a validar la experiencia de cada persona, sin tener en cuenta tus propias creencias o convicciones. Esto no significa que tengas que estar de acuerdo con todo el mundo. Esto significa que escucharás y aceptarás sus impresiones, dejando de lado tus reacciones personales y centrando siempre la atención en lo que te están diciendo. Esta es una habilidad crucial para tratar con las personas que debe tener todo líder.

En algún punto de la conversación, una vez se haya establecido una relación de confianza, puedes indicar que tu propia experiencia o la de otros te ha llevado a una conclusión diferente. Pero incluso cuando lo hagas, es vital que subrayes al mismo tiempo que has escuchado la experiencia del hablante y las convicciones que han surgido de ella. No creas que debes presentar con gran detalle tu propia posición. Aunque te lo pidan, es buena idea sugerir que ese podría ser el tema de otra conversación, pero que ahora mismo prefieres escuchar lo que el miembro de tu equipo tiene que decir. Muy a menudo, cuando una persona nueva le pide al directivo que asuma el peso de la conversación, en realidad se trata de una vía del subordinado para retirarse y evitar formular lo que realmente quiere decir. No entres en ese juego, aunque parezca que la otra persona quiera que hables tú.

Escuchar de forma asertiva puede ser un factor de transformación en la relación entre un líder y un miembro del equipo. Las personas que se han sentido amenazadas o despreciadas en el pasado pueden tener la sensación que son realmente únicas y valiosas, quizá por primera vez.

Si se ha desarrollado el conflicto, puede ser una oportunidad para ambas partes para aprender la una de la otra como colegas, seres humanos e incluso amigos potenciales.

En general, nuestra sociedad no enseña las habilidades para escuchar de forma asertiva. Normalmente operamos a partir de un modelo confrontacional de debate y de discusión razonada, en lugar de un modelo de escuchar con atención a todo el mundo y llegar a una comprensión y un respeto mutuos. Nuestro paradigma es «la mejor idea ganará», no «todo el mundo tiene algo para contribuir a la mejor solución, en la que probablemente aún no ha pensado nadie». Es importante señalar que tanto el modelo de confrontación como el de escucha asertiva buscan la verdad. Son sólo enfoques diferentes. Sin embargo, en términos de habilidades interpersonales, el enfoque combativo siempre dejará a alguien atrás y puede que siembre las semillas de los futuros conflictos.

En este sentido, escuchar de forma asertiva puede ser un proceso que no sólo consiga la paz, sino que también la mantenga en el futuro. Se dice que «un adversario es alguien cuya historia aún no hemos escuchado». Una vez has escuchado de verdad la experiencia de alguien y comprendido sus miedos y sus aspiraciones, serás incapaz de considerar a esa persona nada más que un aliado. Puedes no estar de acuerdo con ella, o incluso considerar que su posición es directamente contradictoria con la tuya. Pero la seguirás viendo como una contribución a una empresa compartida y como un ser humano valioso. Como dijo Dale Carnegie:

> *Por eso debes aprender a escuchar tan bien como a hablar. Aquellos que lo rechazan como un simple tópico y están demostrando su poca disposición a escuchar: la frase puede ser trivial, pero el mensaje es altamente significativo para tu efectividad como líder. Si no desarrollas explícitamente la habilidad de escuchar, es posible que no escuches el secreto que te puede hacer alcanzar fama y fortuna.*

PASOS A SEGUIR

1. Se necesita compromiso y práctica para estar completamente presente y atento cuando escuchas a otra persona. Repasa esta lista de reglas de conversación y marca con una X las que necesites trabajar más. Una vez que hayas anota-

do los campos que requieren más atención, practícalos hasta que se conviertan en parte de tu rutina.

❏ No interrumpo a los demás o hablo cuando están hablando.

❏ Centro mi atención completamente en lo que el otro está diciendo.

❏ Espero mi turno para hablar.

❏ Soy un oyente empático y me preocupo por intentar comprender lo que los demás están intentando decirme.

❏ Apoyo y animo a los demás cuando hablan.

❏ No me comparo con el hablante mientras está hablando.

❏ Evito leer la mente cuando estoy escuchando a alguien.

❏ Ofrezco comentarios constructivos cuando me están hablando.

❏ Me intereso sinceramente en los demás cuando hablan.

2. Desde la perspectiva de la autoestima, puede resultar

difícil ser un oyente efectivo cuando sentimos que necesitamos ser apreciados, escuchados o reconocidos por el buen trabajo que hemos hecho. ¿Qué tres cosas puedes hacer para ti mismo que apoyen tu sentimiento de que has sido escuchado y honrado, de manera que puedas estar más presente cuando converses con los demás?

3. Al menos una vez al día, adquiere el compromiso de ser el oyente durante al menos una conversación. Deja de lado tus objetivos y limítate a estar presente para los otros individuos. Después, anota cualquier reflexión que hayas podido desarrollar mientras practicas este ejercicio.

NOTAS DEL PLAN DE ACCIÓN

CAPÍTULO 13
Ambición asertiva

El tema en este capítulo y en el siguiente es la cuarta habilidad esencial para tratar con las personas: la ambición asertiva. A primera vista, puede que encuentres el título algo redundante. Después de todo, ¿la ambición no es asertiva por su propia naturaleza? ¿Es posible ser ambicioso sin ser asertivo?

En realidad, tal como la hemos definido, la asertividad no es un elemento inherente a la ambición. Recuerda: existe una diferencia entre ser asertivo y ser agresivo. Una persona ambiciosa puede tener mucho empuje y determinación sin ser asertiva en el verdadero sentido de la palabra. La agresividad implica a menudo medrar a expensas de alguien. La asertividad es un concepto que se dirige mucho más al interior. Se trata de hacer lo que realmente quieres y conseguir lo que realmente te mereces. Pero incorporando a otras personas que hacen lo mismo.

Con esto en mente, vamos a hacer una distinción entre lo que podemos llamar ambición intrínseca y extrínseca. Cuando la gente es extrínsecamente ambiciosa, su ambición se orienta hacia un objetivo fuera de ellos mismos: hacia una gratificación o recompensa externa, y normalmente esa recompensa es de naturaleza física o material. La ambición de un empleado nuevo en una empresa, por ejemplo, puede ser ocupar un puesto específico o ganar una cierta cantidad de dinero en un plazo determinado de años. Pero para una persona intrínsecamente ambiciosa, la recompensa es mucho más emocional o incluso espiritual. Se trata de un sentimiento de logro personal o de satisfacción interior que no se puede tocar o empaquetar. En última instancia, es mucho más significativo que un coche de empresa, un despacho grande, o incluso una gran cuenta de gastos.

Aquí nos vamos a centrar principalmente en cómo puedes desarrollar una motivación intrínseca y asertiva. En el capítulo 14 veremos cómo puedes compartir e impartir estos principios a los miembros de tu equipo. Pero ya hablemos de ambición personal o de ambición colectiva para toda una organización, existen ciertas ideas clave que necesitarás asumir. Algunas de ellas te pueden sorprender.

Empezaremos viendo algunos aspectos muy interesantes que se han descubierto sobre la motivación y la actuación excelente. Aunque estos datos se consiguieron a través de estudios controlados (a veces en un entorno de laboratorio), veremos con rapidez cómo esta información se puede trasladar al mundo real.

RECOMPENSAS EXTERNAS

Probablemente sabes, por ejemplo, que en experimentos de laboratorio, los animales pueden aprender tareas complejas cuando se les recompensa con un poco de mantequilla de cacahuetes o cereales para el desayuno. De la misma forma, a los estudiantes se les promete un sobresaliente por el trabajo bien hecho, y a los comerciales obtener una comisión más grande si cierran más ventas. Resulta razonable que las recompensas externas promueven una mejora en la actuación. Parece una ley sencilla de la naturaleza humana.

Y ese es el problema. Es demasiado sencilla. Es errónea.

Un corpus creciente de investigaciones sugiere que los beneficios de las «recompensas» tradicionales no son tan grandes como pudieran parecer. Sorprendentemente, los psicólogos sociales han descubierto que las recompensas externas pueden disminuir los niveles de actuación. Esto se incrementa cuando se trata de largos períodos de tiempo, en especial cuando el trabajo implica un pensamiento creativo o iniciar ideas nuevas. Los estudios también han mostrado que el interés intrínseco en un proyecto (la sensación de que vale la pena realizar la tarea por sí misma) en general disminuye cuando a alguien lo recompensan externamente para hacerlo. Si una recompensa externa, como dinero, reconocimiento o promoción en el puesto, es la razón para que te impliques en una actividad, dicha actividad valdrá menos la pena por sí misma.

Las implicaciones de estas investigaciones son realmente sorprendentes. Sugieren que las premisas básicas de actuación y recompensa en el entorno empresarial en realidad pueden estar desanimando la mejora y el logro de la excelencia. El que las recompensas tienen efectos contraproducentes se basa en una serie de estudios que han realizado descubrimientos como los siguientes:

- Los niños que reciben una recompensa por dibujar suelen dibujar menos que los niños que dibujan porque se divierten al hacerlo.
- Los adolescentes a los que se les ofrece una recompensa para jugar a juegos de palabras disfrutan menos del juego y no lo hacen tan bien como los que juegan sin recompensa.
- Los empleados que son elogiados por alcanzar los objetivos fijados por la dirección sufren una caída en su motivación.

Cuando un estudio pidió a un grupo de estudiantes universitarios que se inventasen argumentos imaginarios de películas, los estudiantes que habían sido contratados a cambio de una recompensa tuvieron muchas más dificultades. En una investigación similar, a un grupo de estudiantes de escritura creativa se les pidió que compusiesen una poesía. A algunos de ellos se les dio una lista de razones externas para escribir, tales como impresionar a los profesores, pequeñas cantidades de dinero, o recomendaciones para un departamento de investigación. A otros se les dio una lista de razones intrínsecas: el placer de jugar con las palabras, satisfacción por la autoexpresión y otras más. Al final del estudio, los resultados estaban claros. Los estudiantes que recibieron razones externas no sólo escribieron con menos creatividad que los otros (según el juicio de doce poetas independientes), sino que la cantidad de su obra se redujo de forma significativa. Parece que las recompensas pueden tener este tipo de efecto negativo principalmente con tareas creativas, incluida la resolución de problemas de alto nivel. Los descubrimientos demuestran que cuanto más compleja es la actividad, más dañinas son las recompensas externas.

Estas investigaciones cuestionan la creencia muy extendida de que el dinero es una forma efectiva e incluso necesaria de motivar a las personas. También contradicen la asunción de que es más probable que se alcance una meta si existe una recompensa. ¿Cuál es la lógica detrás de estos descubrimientos y qué nos dicen sobre las verdaderas motivaciones que debería tener la ambición?

POR QUÉ LAS RECOMPENSAS EXTERNAS NO FUNCIONAN

Primero, las recompensas animan a la gente a centrarse exclusivamente en una tarea, a hacerla lo antes posible y a correr pocos riesgos. Si tienes la sensación de que la labor es algo que tienes que superar para conseguir el premio, serás menos creativo, entusiasta y motivado.

Segundo, la gente se ve a sí misma como controlada por la recompensa. Se sienten menos al mando y esto puede interferir con su actuación. A medida que se limita tu experiencia de estar automotivado, también se reducirá tu ambición.

Finalmente, las recompensas externas pueden erosionar el interés intrínseco. Las personas que consideran que trabajan por el dinero, la aprobación o el éxito competitivo encuentran sus tareas mucho menos placenteras y por eso no las hacen tan bien. El dinero puede funcionar para «comprar» una motivación intrínseca para una actividad a largo plazo. Las investigaciones también demuestran que intentar batir a los demás tiene el mismo efecto. Las personas que compiten para resolver un rompecabezas con rapidez son menos proclives a seguir trabajando en él una vez ha finalizado la experiencia que aquellas que no compiten.

Sin embargo, existe un acuerdo general en que no todas las recompensas tienen el mismo efecto. Ofrecer una tarifa plana para participar en un experimento (el equivalente a un salario por horas en el trabajo) no suele reducir la motivación intrínseca. Sin embargo, el problema aparece cuando las recompensas se basan en realizar una tarea determinada o hacer un buen trabajo con ella. Por eso la clave está en cómo se experimenta la recompensa. Si te ves a ti mismo trabajando para conseguir algo, considerarás que la actividad no vale la pena hacerla por sí misma.

Aquí hay que realizar una distinción importante, y que también es un poco sutil. Por un lado, le puedes decir a alguien (o a ti mismo) que obtendrá una recompensa si actúa de cierta forma. Esto es en general muy poco efectivo a largo plazo, como hemos visto. Pero ¿qué ocurre si miras lo que alguien ya está haciendo y recompensas el comportamiento que va en la dirección de las metas deseadas? Por ejemplo, decirle a un miembro del equipo que recibirá una gratificación si redacta un buen informe es ineficaz. Es mucho mejor darle las herramientas y las técnicas para redactar un buen informe, y después darle la gratificación cuando lo haga.

Cualquier tarea, no importa lo agradable que pueda parecer, queda devaluada si se presenta como un medio más que como un fin. Por ejemplo, se dijo a un grupo de voluntarios que no se podían dedicar a ninguna actividad que les gustase hasta que participasen en otra actividad que también les gustaba. Aunque les gustaban ambas actividades por igual, a los sujetos les resultó muy pronto desagradable la tarea que era el requisito previo para que se pudieran dedicar a la otra.

Hay una pequeña historia que ilustra este principio muy bien. Los chicos del vecindario no dejaban de molestar a un anciano, que finalmente descubrió la manera de acabar con la situación. Se ofreció a pagarle un dólar a cada chico para que volvieran el martes siguiente y le volvieran a gritar sus insultos. Los chicos quedaron muy sorprendidos con la oferta, pero cumplieron con creces y recibieron el dinero. Sin embargo, al pagarles, el hombre les tenía que decir algo más. Les podía volver a pagar por insultarlo el miércoles, pero esta vez la tarifa sería sólo de 25 céntimos por niño. Los chicos estaban un poco decepcionados, pero aceptaron la nueva tarifa. Volvieron el miércoles y lo volvieron a insultar. Pero entonces, al entregarles el dinero, el anciano les informó que la paga del jueves sería sólo de un céntimo. Los chicos se mostraron disgustados. «¡Olvídalo!», le dijeron, y nunca más lo volvieron a molestar.

EL ELOGIO COMO UN MEDIO DE CONTROL

El principio que está aquí en funcionamiento no se limita al dinero o a otras formas de recompensa física. Cuando el elogio o los comentarios verbales positivos se empiezan a experimentar como una forma de control, el efecto en la motivación puede ser similar al del pago financiero. Un estudio sobre empleados de empresas descubrió que aquellos a los que se decía «Buen trabajo, estás haciendo justo lo que debes hacer», no estaban más motivados que aquellos que recibían sólo recompensas cuantitativas.

Existe una diferencia entre decir: «Te estoy dando esta recompensa porque personalmente reconozco y aprecio tu trabajo», y decir: «Recibes esta recompensa porque has alcanzado ciertos estándares». La primera es una interacción personal y humana. Se trata de un ejemplo de habilidad asertiva para tratar con las personas. Provoca una ambición asertiva, tanto en la persona que lo escucha como en la persona que lo dice.

El impacto negativo de las recompensas en la motivación se puede minimizar reduciendo su significado e intentando no utilizarlas como un medio de control. No se puede forzar la motivación o la ambición, pero puedes crear un ambiente en el que estas cualidades puedan arraigar y florecer.

UNA DEFINICIÓN DE AMBICIÓN

En los términos más sencillos, la ambición se puede definir como querer conseguir algo que se desea o planifica. En términos más poéticos, se trata de tener un sueño y experimentar el éxito cuando se alcanza ese sueño. Tu ambición se ve recompensada cuando tus sueños se hacen realidad.

Exactamente en qué consisten esos sueños varía de una persona a otra. Los sueños son una experiencia subjetiva, y también lo es la ambición que nos mueve hacia ellos. Pueden adoptar tantas formas diferentes como seres humanos hay en una familia, una empresa, o incluso en el mundo. De forma similar, los sentimientos que actúan en contra de la ambición también son subjetivos e individuales. Sin embargo, para nuestro propósito vamos a identificar esos propósitos con una palabra. Después veremos más de cerca lo que esa palabra representa para minimizar sus efectos en nuestras vidas. Como líder que trabaja con un equipo de individuos diversos, es muy importante que captes los múltiples significados de esta palabra, para identificar cómo se expresan dichos significados en los miembros de tu equipo, y para trabajar consistentemente para eliminarlos.

¿Cuál es la palabra que representa el polo opuesto de la ambición asertiva? ¿La palabra que siempre apaga la motivación y los logros en un contexto profesional? La palabra es *miedo*.

TRATAR CON EL MIEDO

Como hemos intentado mostrar, la ambición es una experiencia subjetiva y lo mismo es el miedo que trabaja en su contra. Aun así, hay algunos aspectos muy importantes que se deben considerar sobre el miedo; claves sobre cómo empieza, cómo actúa y cómo se puede eliminar. A grandes rasgos, existen cuatro factores que disparan el miedo. Vamos a echar un vistazo a estos factores.

Como líder, probablemente te habrás dado cuenta de que existen básicamente dos categorías diferentes de empleados. Hay personas que pueden hacer bien varias cosas y que tienen el potencial de ascender en la empresa en diferentes direcciones. Un miembro del equipo puede ser bueno con las ventas, por ejemplo, y quizás esa persona también es buena en recursos humanos y en atención al cliente. Aunque son campos relacionados, también se diferencian en una serie de aspectos. Pero también existe otro tipo de miembro del equipo al que podemos llamar un especialista, como opuesto al tipo generalista del que acabamos de hablar. Estas son personas que son muy buenas en contabilidad, por ejemplo, pero que realmente no se sienten cómodas haciendo nada más. Les gusta la sensación de maestría y control que emana de trabajar en su especialidad. Pueden ser individuos muy ambiciosos, pero su ambición seguirá una senda específica en una organización. Un muy buen contable puede convertirse en un muy buen director financiero, pero no responderá a los intereses de nadie trasladar a esa persona a recursos humanos.

En resumen, las personas caen normalmente en dos categorías principales: los que son realmente excelentes en una cosa, y los otros, que son buenos en muchas cosas aunque no sean verdaderamente extraordinarios en ninguna de ellas. Un buen líder debería resistirse a creer que alguien no sea bueno en nada. Todo el mundo tiene una fortaleza de algún tipo. Lo desafortunado es que no todos reconocemos cuál es esa fortaleza, ni en nosotros ni en las personas a nuestro alrededor. A largo plazo, pocos de nosotros capitalizamos en toda su extensión nuestra fortaleza real.

La causa de esta situación puede ser una falta de autoconocimiento, una falta de definición de quién eres realmente, o una falta de conciencia o conocimiento de qué haces realmente bien. Se trata de una forma de miedo, porque habitualmente se basa en intentar vivir según lo que crees que se supone que eres, en lugar de ser lo que eres. Es intentar ser un tipo de persona diferente del que realmente eres. En términos de ambición, es aspirar a algo equivocado en el nivel básico de tu propia identidad.

El especialista de éxito

Entre las personas que son especialistas, los individuos de más éxito reconocen muy pronto esta cualidad. Ven en lo que son buenos y lo que les gusta hacer, y encauzan sus carreras en esa dirección. Su ambición se afirma de una forma que es congruente con su naturaleza esencial. Por ejemplo, eligen la rama correcta en el instituto. Entran a trabajar en empresas que necesitan sus habilidades particulares y buscan mentores que les puedan ayudar a desarrollar sus fortalezas inherentes. La clave de su éxito reside en que orientan su ambición en la mejor dirección posible. Para un especialista, el peligro está en tener miedo de admitir cuál es la dirección verdadera. Si eres un especialista, tu ambición se debería canalizar dentro de unos parámetros que deberías resistirte a violar.

El generalista triunfador

Por el contrario, algunas personas tienen dones para muchas cosas, pero convierten esa fortaleza en una zona de vulnerabilidad. Es bueno ser un generalista, pero no está bien dispersarse demasiado. Muchos generalistas dedican sus recursos a diversos campos, pero es posible que no tengan un gran impacto en ninguno en particular. Si eres un individuo con muchos talentos de este tipo, no tengas miedo de centrar tu ambición. Cuando estés trabajando en un campo en particular, no te sientas distraído o atraído por algún otro. Céntrate cada vez en un campo. Idealmente debería ser un campo en que tus habilidades te permitieran despegar. Debe ser un campo que te ayude a conseguir las metas futuras y que reafirme tu ambición en el contexto más amplio de tu organización. Si lo haces, tendrás éxito no sólo en términos de tu puesto en la empresa, sino también a los ojos del juez más importante de todos: tú.

En consecuencia, para resumir la primera categoría de miedo que dificulta la ambición, se trata del miedo a reconocer quién eres, qué tipo de talento tienes y a sacar el máximo partido de él.

El miedo disfrazado de impaciencia

Un segundo tipo de miedo se manifiesta como impaciencia. Se trata de tener miedo a tomarte tiempo para desarrollar tus habilidades, y por eso rendirse muy deprisa o intentar seguir adelante por encima de tus posibilidades. Esto es algo que ocurre con mucha frecuencia en el entorno corporativo, y es especialmente habitual entre la gente muy ambiciosa. Quieres avanzar lo más rápidamente posible. Cuando ves una oportunidad, tu instinto es ir a por ella, aunque sepas en tu interior que realmente no estás preparado.

Un estudio muy interesante en este campo se centra en el entrenamiento de paracaidistas militares. En todo grupo de reclutas hay un cierto número que queda paralizado en la portilla del avión cuando tienen que realizar el primer salto. En general, se trata de soldados que no han mostrado ningún tipo de problemas durante el entrenamiento anterior. Por el contrario, normalmente son personas que lo han hecho muy bien y que tienen la ambición de triunfar en este campo de la actividad militar. Y resulta que ese era precisamente el problema. En su cabeza, las personas que se quedan petrificadas ante la puerta nunca se habían planteado la posibilidad de que se pudieran quedar petrificadas. Su confianza aparente era tan alta que no podían reconocer la vulnerabilidad que yacía por debajo. Avanzaron con demasiada rapidez, en el sentido de que pasaron por alto lo que estaba pasando realmente en sus mentes y corazones. Al no reconocer la presencia del miedo, se hicieron susceptibles de sufrir una experiencia apabullante de miedo en el momento crítico.

Por eso, el segundo tipo de miedo es el miedo a reconocer las zonas de ti mismo que aún necesitas trabajar. Este tipo de miedo utiliza la ambición para esconderse. Dice: «No pierdas más tiempo con preparativos. Debes seguir adelante lo más rápidamente posible». El problema es que si intentas avanzar con demasiada rapidez, lo más seguro es que acabes quedándote atrás.

Acabamos de analizar cierto tipo de presión: la presión que procede de la impaciencia y del miedo que te impide tomarte el tiempo para desarrollar una autocomprensión real. Sin embargo, la presión también se puede expresar como otros tipos de miedo. Supón, por ejemplo, que eres un directivo muy ambicioso y también muy efectivo. Estás subiendo en la empresa. Vas de un nivel al siguiente, y las responsabilidades son cada vez mayores. En cada etapa existe una presión añadida, pero te dices a ti mismo que la puedes soportar, hasta que un día es demasiado.

Miedo bajo presión

¿Qué ha ocurrido realmente? Internamente, quizás a nivel subconsciente, siempre has tenido miedo a asumir más responsabilidades. La presión añadida te atemorizaba, pero no querías reconocerlo. Querías que la ambición, pura y simple, fuera la cualidad definidora de tu ser. Pero esa es una ambición agresiva, no una ambición asertiva. Los líderes asertivamente ambiciosos evalúan con cuidado sus carreras y a ellos mismos. Basándose en esa evaluación, a veces aceptan una presión adicional y otras veces no. Las personas que se estrellan y se queman es posible que piensen que la elección está entre ser un líder o un seguidor. Pueden pensar que un líder es alguien que no se arruga nunca. Si esto te resulta familiar, te estás diciendo que no tienes miedo de algo, cuando en realidad estás atemorizado por otra cosa. Es más, estás ignorando lo que realmente te aterroriza.

En consecuencia, este tercer tipo de miedo está relacionado con la presión. No se trata sólo de asumir demasiada presión, sino de estar demasiado asustado para admitir que existe algo así como demasiado.

Miedo a reconocer tus límites

No ignores el hecho de que es posible ser un líder asertivamente ambicioso y altamente efectivo sin querer llegar a ser director general de una empresa de la lista Fortune 100. Puedes querer dirigir sin querer dirigir a todo el mundo. Puedes seguir siendo una persona muy influyente aunque haya una o dos personas que sean más influyentes que tú. No hay nada malo en ello. La ambición asertiva significa querer el éxito sin importar cómo lo definas. Pero no temas admitir que tienes límites o incluso que quieres tener límites. Eso no significa que no seas ambicioso, sólo significa que eres ambicioso en tus propios términos.

Veamos un ejemplo del mundo del deporte para ilustrar este punto. A principios de la década de 1970, Pete Maravich era el mejor jugador de baloncesto universitario de Estados Unidos. Hijo de un entrenador de baloncesto, le enseñaron a ser un profesional desde la infancia. Botaba una pelota de baloncesto allá donde fuera. La botaba cuando iba en bicicleta, cuando comía el almuerzo e incluso cuando estaba tendido en la cama. Cuando se convirtió en jugador universitario en la Louisiana State University, anotaba al menos 40 puntos por partido, y con frecuencia 50 o 60. Por supuesto, esto sólo era el preámbulo para lo que se estaba preparando realmente, que era la National Basketball Association. Una vez en la NBA, no podía haber ningún fallo. Se creó un estado mental en el que tenía que anotar 40 o 45 puntos todas las noches, y también había transmitido esta expectativa a sus seguidores. Por supuesto, ahora se estaba enfrentando a los mejores jugadores del mundo, pero eso no significaba que tuviera que ser menos productivo que contra los jugadores del instituto o de la universidad. Pete se había colocado en una posición muy difícil. Si no anotaba el doble de puntos que cualquier otro jugador, se consideraba un fracasado, y todo el mundo hacía lo mismo.

Este es un ejemplo del cuarto tipo de miedo relacionado

con la ambición. Se trata del miedo a ver cuáles son realmente tus límites o incluso a reconocer que los tienes. El hecho es que todo el mundo tiene límites. No hay ningún deshonor en ver que los tuyos pueden ser ligeramente diferentes a los de otra persona, en especial cuando la única cosa que te impide verlo es el miedo a ver la realidad. Eso no significa que seas menos ambicioso. Sólo significa que estás dispuesto a evaluar lo que es verdad sobre ti mismo.

RESPETARTE A TI MISMO Y A LOS DEMÁS

En un contexto de negocios, el respeto es un concepto muy importante. Es un error medir el respeto en términos de cuánto te respetan los demás. En vez de eso, céntrate en hasta qué punto eres respetuoso con los miembros de tu equipo y cuánto te respetas a ti mismo. Cuando lo hagas, te darás cuenta de que el respeto que demuestras a los demás te será devuelto. Esto es especialmente cierto en el mundo corporativo, donde puede parecer que tu meta es pasar por encima de todo el mundo o incluso pisotear a todos los que te encuentres en tu camino. En términos de ambición y de habilidades para tratar con las personas, este enfoque agresivo es un error. Si el objetivo es llegar a la cima, es mucho más fácil alcanzarla si los demás te apoyan o incluso te empujan, que si te montas encima de ellos a la más mínima oportunidad.

Este es un aspecto clave. Aunque seas un directivo muy agresivo y consigas llegar a la cima, tu trabajo será mucho más fácil si tienes a tu lado a los miembros de tu equipo para que te apoyen. ¿Qué buena imagen ofrecerás si todo el mundo te deja tirado?

Si eres realmente brillante, con talento y ambicioso, no temas nada. Destacarás. No es necesario que alardees, y mucho menos que lo hagas a expensas de nadie. De hecho, elogiar a todo el mundo a tu alrededor es una forma excelente de ser asertivamente ambicioso. Un líder es más efectivo cuando da poder a los demás para que lo hagan bien.

En realidad, no se trata de ser una persona dulce o una persona dura, de ser el poli bueno o el poli malo. En vez de pensar en términos de bueno o malo, piensa en términos de confianza o falta de confianza, y confía sobre todo en ti mismo. Estos no son conceptos fáciles de asumir. Es muy tentador confundir la simple agresividad con la ambición asertiva. La codicia y la insensibilidad son fuerzas psicológicas muy poderosas que se ven amplificadas por los negocios. Alejándote de estas tentaciones, puedes perder algunas ventajas a corto plazo. Pero al final recibirás la confianza de los demás y ganarás el premio a largo plazo.

En el capítulo siguiente, seguiremos analizando la ambición asertiva poniendo el énfasis en cómo puedes maximizarla entre los miembros de tu equipo.

PASOS A SEGUIR

1. Pruebas sorprendentes revelan que las recompensas externas ofrecidas a personas de diversas edades no demuestran ser efectivas. Les motivan más los factores internos. ¿Puedes pensar en un ejemplo personal en el que la promesa de una recompensa no ayudó a motivarte sino que

en realidad te desmotivó? ¿Qué actividades realizas por su valor intrínseco?

2. Algunas investigaciones sostienen que cuando recibes una recompensa monetaria o de otro tipo por el trabajo que haces, en realidad te pueden estar desmotivando. Rememora tu vida. ¿Alguna vez has tenido una afición en un área de conocimiento diferente a aquella en la que eres un experto, pero que no quieres convertir en un negocio? Quizá convertiste una pasión en un negocio y luego descubriste que ya no disfrutabas de la actividad. Escribe cualquier revelación de este tipo que te haya ocurrido a ti o a alguien que conozcas.

3. Un elogio genuino tiene mucho más peso que un elogio que se expresa teniendo en mente algún tipo de manipulación. Toma nota cuando elogies a los demás y detente, si es posible, antes de decir nada. Pregúntate cuáles son tus intenciones. Si tus elogios son sinceros y en ningún caso manipuladores, sigue adelante. Si, en cambio, descubres que estás utilizando el elogio como un medio para conseguir tus fines personales, refrena cualquier comentario. Apunta tus descubrimientos y reflexiones.

NOTAS DEL PLAN DE ACCIÓN

CAPÍTULO 14
Maximizar los resultados con la ambición asertiva

En este capítulo vamos a continuar con nuestro análisis de la ambición asertiva poniendo el énfasis en cómo, en posición de liderazgo, puedes maximizar la energía positiva de la ambición en todos los miembros de tu equipo.

LIDERAR CON EL EJEMPLO

En los últimos veinte años se ha producido un boom de libros y programas de radio sobre la gestión efectiva. Dale Carnegie fue uno de los pioneros que puso en marcha este proceso. En la actualidad, los principios de Dale Carnegie para conseguir el éxito son más importantes que antes, y si hay una idea que sigue sobresaliendo, esa es «lidera con el ejemplo».

Entre las miles de herramientas y técnicas de liderazgo, la noción de que debes «dar ejemplo» destaca sobre todas las demás. No importa si eres el entrenador de un equipo de fútbol profesional, el director de una corporación multinacional, o el cabeza de una familia en crecimiento. Todo gran líder conoce este secreto y lo pone en práctica todos los días.

Liderar a través del ejemplo no sólo instruye a los miembros de tu equipo, sino que también los estimula para conseguir mejores resultados. De esta forma prende la ambición asertiva. Si muestras lo que necesitas que ocurra en vez de hablar de ello, tu equipo y tú alcanzarán vuestros objetivos con mayor rapidez. Esto puede representar un problema para un líder que prefiere tener gente del tipo «haz lo que digo y no lo que hago». No importa lo que quieras que hagan los demás. Si no estás dispuesto a dar primero ejemplo, serás ineficaz. En última instancia, si realmente estás interesado en mejorar la actuación de los miembros de tu equipo, el mensaje tiene que difundirse de arriba abajo.

EL LÍDER MODELO

Aquí va un ejemplo de lo que queremos decir. Cuando Mike fue nombrado el nuevo responsable del departamento de márketing de la empresa, sabía que era un puesto que representaba un desafío. Los resultados en ese departamento habían ido disminuyendo lentamente y la caída en los resultados había dificultado las posibilidades de la empresa para mejorar y expandirse. Mike era asertivamente ambicioso para mejorar la situación, y quería inculcar la misma ambición en todo su equipo.

Antes de asumir sus nuevas funciones, a Mike le habían proporcionado un cuadro general del problema. Básicamente, la fuerza de ventas no estaba alcanzando unas expectativas razonables. Si las cosas no mejoraban con rapidez, Mike iba a tener que eliminar a los empleados actuales y contratar un equipo nuevo. Eso era algo muy grave. Mike comprendió que las cosas tenían que mejorar, no sólo por él, sino por toda la gente que trabajaba para él.

Basándose en su conocimiento del departamento de márketing antes de hacerse cargo de él, Mike sabía cuál era la dificultad. Muy sencillo: el anterior responsable del departamento no había estado ejerciendo el liderazgo apropiado. No había ningún problema en el conjunto del equipo. Sólo se hacían eco del mensaje que estaban recibiendo, que era que hablar era un buen sustituto de la acción.

Trabajando tan duro como quería que trabajasen los demás, Mike mejoró con rapidez la moral del equipo. Les hizo saber que nunca les pediría más que lo que hacía él mismo. Aparecía temprano, trabajaba con intensidad y concentración, y se quedaba hasta tarde. Dejó claro que tenía grandes ambiciones para el departamento, y quería que los demás sintieran lo mismo. Mike se convirtió en el ejemplo e invitó a los miembros del equipo que siguieran su estela.

En unas pocas semanas, el departamento de márketing parecía un grupo completamente diferente. Se sentían estimulados por su trabajo, comprometidos con sus metas y tenían ambición por el futuro. Los resultados mejoraron con rapidez y estaban en camino de romper todos los récords de la empresa.

¿Qué habría ocurrido si hubieran sustituido a todo el mundo en el departamento de márketing en un intento de resolver el problema? La respuesta es que no habría pasado nada, a menos que se hubiera producido un cambio en el estilo de liderazgo del responsable del departamento. Lo que faltaban no eran trabajadores con talento, sino el ejemplo correcto que pudieran seguir. Cuando las cosas empezaron a cambiar, los miembros del equipo no habían cambiado, pero sí el liderazgo y las expectativas.

Este es el principio más importante para inculcar la ambición asertiva en un equipo. Presta menos atención a lo que dices a la gente y más atención a lo que haces. Si hay algo que quieres ver en los demás, asegúrate de que primero lo pueden ver en ti.

Ahora, teniendo en mente el primer principio crucial, podemos ver otras técnicas también muy poderosas que puedes utilizar para inculcar la ambición asertiva en los miembros de tu equipo y con ello obtener de ellos una actuación excelente tanto en este momento como a largo plazo.

LOS PRIMEROS MINUTOS DEL DÍA SON CLAVE

Por ejemplo, ten en cuenta que los primeros minutos del día son siempre el momento más importante que tienes con tu equipo. Puedes dictar el tono para el resto del día, inspirando a todo el mundo para que consiga mejores resultados, o los puedes dirigir sin ambición o energía. Es tu elección.

Reconociendo la importancia de que cada día tenga un gran inicio, aquí tienes cuatro tácticas específicas para que sea así:

TÁCTICA 1: *Llega temprano*

Primero, llega temprano. No hay nada más frustrante para los empleados que ver que su jefe, directivo o líder llega horas después de haber iniciado la jornada laboral. Es muy difícil respetar a un líder que no da lo mismo que espera recibir a cambio, en especial cuando es algo tan básico como llegar a tiempo al trabajo. Por eso, llega al trabajo antes o con los miembros de tu equipo, y deja que esto demuestre tu ambición por ellos, por ti y por la empresa.

TÁCTICA 2: *Mantén una energía elevada*

Segundo, mantén elevados niveles de energía. Estados de ánimos y actitudes son contagiosos. Desde el mismo momento que atraviesas la puerta están enviando todo tipo de mensajes. Estos mensajes están relacionados con lo que dices, con lo que vistes e incluso con cómo estás de pie o caminas. Puedes dejar caer los hombros y arrastrarte por la oficina y harás saber a todo el mundo a tu alrededor que el día va a ser largo y aburrido. Sin embargo, si entras con paso animado y una sonrisa en la cara, traerás contigo el entusiasmo con el que se iniciará un día de trabajo productivo. Todo el mundo emite vibraciones y, como líder, tus vibraciones pueden influir a menudo en las de los miembros de tu equipo. Por ello, utiliza el poder para aumentar la calidad de cada día.

TÁCTICA 3: *Saluda a tu equipo con entusiasmo y humor*

Tercero, convierte en una costumbre saludar a tu equipo con entusiasmo y buen humor. Convertir esto en un objetivo personal es una buena forma de demostrar tu ambición asertiva como líder. Si existe una diferencia principal entre líderes que inspiran ambición y aquellos que la ahogan, es la dirección que toman cuando llegan por la mañana a trabajar. Algunos deciden ir directamente a su despacho o zona de trabajo. Otros toman una senda más interactiva y esto se traduce rápidamente en un aumento de la moral y la productividad.

Por eso, empieza el día saludando a los miembros de tu equipo. De esta forma, les puedes hacer saber a través de tus acciones que los ves como activos importantes de la empresa. Si te diriges rápidamente a tu oficina y no saludas a la gente a tu alrededor, sólo minarás el éxito de aquellos que confían en ti para que los lideres.

TÁCTICA 4: *Ten un plan de acción claro*

El cuarto punto está más directamente conectado con nuestro tema de la ambición asertiva. Se refiere al nivel de expectativas que tienes para los miembros de tu equipo. Comunicar estas expectativas se puede hacer de una forma muy simple. Sólo debes tener un plan de acción claro de las necesidades que se deben cumplimentar cada día. Comparte el plan con tu equipo cuando hables con ellos cada mañana.

La gente necesita dirección. Necesitan saber hacia dónde se dirigen y por qué. Por eso, mientras saludas a tus empleados, hazles saber qué resultados esperas ver al final del día y cómo se pueden beneficiar de ellos. Establecer metas y expectativas claras cada mañana colocará el día en la dirección adecuada. La clave para esto, por supuesto, es que se sienta tu presencia de una forma proactiva y positiva. Evita presentarte como el jefe en el sentido antiguo del término, o como un capataz. Como siempre, sé confiado y asertivo más que agresivo o pasivo. Pero lo más importante es estar allí.

PEREZA

Junto a nuestro análisis de la ambición asertiva, sería un error no echarle un vistazo rápido a lo contrario de la ambición, que no es más que la pereza. Ignorar la realidad de la gente perezosa en el trabajo sería como no reconocer la presencia de un elefante en la sala de reuniones. Gente perezosa la hay en todas partes. Son personas que van a medio gas, tres cuartos de gas, o quizás a ningún gas en absoluto. Sacar a la luz este tema no es ser negativo. Sólo es ser honesto. Se trata de reconocer lo que ya existe para poder gestionarlo de forma efectiva.

La pereza, como todo lo demás, se ha vuelto más sofisticada en el siglo XXI. La gente perezosa tiene numerosos trucos para hacer ver que realmente está haciendo algo. Uno de los más habituales se podría llamar un «mamut lanudo». Durante la Edad del Hielo, los cazadores-recolectores primitivos encontraron un animal que era tan grande y tenía tanta carne que toda la tribu podía vivir un año de él: el mamut lanudo. Pero los mamuts lanudos también existen en los ambientes laborales actuales. Son raros, pero si una persona perezosa puede encontrar uno, vale su peso en oro. Verás, cuando una persona perezosa hace algo bien, le gusta sentarse encima de su éxito hasta que se convierte en piedra. Cuando hacen algo bien, lo toman como si no tuvieran que hacer nada más durante meses. Eso es lo bueno de un mamut lanudo.

El problema es que las propias personas perezosas sufren una pérdida real. Puedes encontrar un nicho seguro en una organización simplemente dejando pasar el tiempo, pero nunca puedes ascender. Al final nada es más difícil y agotador que estar todo el día aburrido. Y no hay nada más deprimente.

Una ilustración sorprendente de este principio surgió en la guerra de Corea a principios de la década de 1950. Cuando las fuerzas norcoreanas capturaron a un grupo de soldados estadounidenses, les ofrecieron una elección. Si firmaban un documento en el que acusaban a Estados Unidos de crímenes de guerra y hablaban en términos elogiosos de la causa del enemigo, su cautividad se convertiría en una vida de lujo. Podían tener todo lo que quisieran. No correrían ningún peligro y no se les negaría nada de lo que pidieran. Por el otro lado, los soldados que rechazaran firmar el documento vivirían en las peores condiciones posibles. Temerían constantemente por sus vidas y se les proporcionaría sólo un mínimo de comida y agua. A pesar de estas amenazas, muy pocos soldados estadounidenses aceptaron cooperar con los norcoreanos. Pero unos pocos aceptaron cooperar, con resultados sorprendentes. A pesar de que sus condiciones de vida no podían ser más diferentes, la salud de los chaqueteros declinó con rapidez. Algunos se suicidaron y muchos sufrieron lo que en la actualidad llamaríamos depresión clínica. Mientras que los que no habían optado por la vía fácil parecía que de alguna manera encontraban energía y fuerza en las dificultades a las que se enfrentaban, y el porcentaje de supervivientes entre estos soldados fue mucho más alto que entre los otros.

Esto revela un aspecto muy importante. El éxito no es sólo una cuestión de sentirse cómodo. Por el contrario, el éxito real parece exigir una cierta cantidad de incomodidad. Necesitamos algo para seguir adelante. Queremos algo contra lo que luchar. Deseamos algo hacia lo que podamos dirigir nuestra ambición. En su ausencia, podemos pensar que estamos satisfechos, pero en realidad nos podemos volver complacientes y decepcionados.

Por eso, cuando encuentres pereza en uno de los miembros de tu equipo, no dudes en enfrentarte a ella y señalar sus peligros. Esto es lo mejor para la organización y también es lo mejor para el individuo en cuestión. La persona se puede sentir herida o enojada al principio, pero al final te lo agradecerá.

EL FRACASO COMO UNA SEÑAL POSITIVA

Aunque realices un gran trabajo de ambición asertiva a tu equipo, habrá momentos en que las cosas no funcionen como todo el mundo había esperado. No sólo lo tienes que esperar, sino que en realidad lo tienes que desear. ¿Por qué? Si no existe una cierta cantidad de eso llamado fracaso entre los miembros de tu equipo, es que las miras no se habían colocado lo suficientemente altas. En otras palabras, no ha existido suficiente ambición asertiva.

Vamos a ver más de cerca qué significa exactamente esto. No debes invitar al fracaso. Sin embargo, el no llegar a alcanzar el éxito te hará consciente de que millones de grandes ideas se desperdician cada año. Como líder, te interesa asegurarte de que tu equipo desperdicie las mínimas posibles. Para avanzar en esa dirección, debes reconocer cómo funcionan las mentes de los empleados corporativos de nuestros días. Enfréntate al hecho de que las mentes de los miembros de tu equipo son un campo de batalla, un territorio en el que las energías negativas y positivas están constantemente en guerra. ¡Tu trabajo es asegurarte de que ganan las positivas!

Esta energía positiva no es más que la ambición natural de todo ser humano por el éxito. Cada nuevo día nos presenta nuevas oportunidades de crecer, aprender y progresar más allá de donde nos encontrábamos el día anterior. El éxito significa algo diferente para cada persona, pero la idea subyacente de alcanzar los sueños y las metas nos estimula e inspira a todos.

El deseo de éxito y logros es poderoso, pero a veces una fuerza negativa lo puede combatir hasta acallarlo. Si le dejas vía libre, esta fuerza negativa puede ganar la guerra en un segundo. Pero lo que la hace especialmente peligrosa es el hecho de que es difícil de aprehender. Por naturaleza, es esquiva.

MIEDO AL FRACASO

¿Qué es? La fuerza negativa en los miembros de tu equipo puede ser simplemente el miedo al fracaso. No es lo que hacen. Es lo que tienen miedo de hacer. A nivel individual, este miedo ahoga su ambición de sacar a la luz sus ideas. Colectivamente, elimina una fuente de innovación que podría mejorar el rendimiento de la empresa. Lleva a la gente a guardar silencio, permanecer quieta y hacer que potencialmente grandes ideas queden encerradas para siempre.

Permitir que la fuerza negativa del miedo domine la jornada laboral de un miembro del equipo le roba a dicho miembro y a la empresa algo muy valioso. No se trata tanto de los resultados que se podrían obtener de probar una iniciativa nueva. Se trata de perder esa oportunidad como un fin en sí misma. Seguro, habrá muchas ocasiones que no saldrá nada de lanzarse a la piscina. De hecho, la mayoría de las veces no se obtiene nada. En algunas ocasiones incluso le cuesta algo de dinero a la empresa. Sin embargo, la manera más segura de fracasar a largo plazo es no arriesgarse al fracaso a corto plazo.

En consecuencia, ¿cuál de las fuerzas saldrá victoriosa en las mentes de los miembros de tu equipo? La respuesta depende totalmente de ti. Depende de la energía y la atmósfera que crees en tu equipo y especialmente en ti mismo. La sabiduría convencional te puede aconsejar que evites el fracaso a toda costa, pero los líderes asertivamente ambiciosos lo esperan y le dan la bienvenida.

Un ejemplo rápido para clarificar esto. Supón que tu equipo trata con un centenar de clientes y que cada uno de ellos está perfectamente satisfecho. ¿Qué se podría hacer mejor? Quieres conseguir un millar, ¿o no? Bueno, no exactamente. Porque, ¿qué has aprendido? ¿Qué has obtenido de ese centenar de clientes que te puede ayudar a alcanzar a ese millar de clientes a los que aún no conoces? Casi con toda seguridad no tienes ni idea de por qué la experiencia de los clientes satisfechos era positiva. Sólo sabes que realizaron la transacción y siguieron adelante sin la menor queja. Eso está muy bien en el corto plazo, pero ¿qué nueva oportunidad te ofrece?

Supongamos que tu equipo decide probar algo nuevo. Puede ser un producto o servicio nuevo o una forma novedosa de ponerlos a disposición de tus clientes. En cualquier caso, supón que no funciona. Los clientes no están contentos. Se están quejando como locos. Es verdad, esto representa un fracaso en un sentido, pero en el cuadro general te están ofreciendo un éxito en bandeja de plata. Los clientes enojados te están diciendo exactamente lo que puedes hacer para mejorar tu negocio. Sin suposiciones, sin sobreentendidos. Estás recibiendo instrucciones específicas sobre cómo no hacer algo, lo que representa un gran paso en la dirección de aprender a hacerlo bien. Esta gente enfadada está señalando unos territorios vastos e inexplorados. Ahora tu equipo y tú necesitan la ambición de penetrar en ellos.

Cuando das a los miembros del equipo la libertad de probar cosas nuevas, aceptando riesgos e incluso un nivel razonable de fracasos, te sorprenderás de la abundancia de ideas que empezarán a surgir. Y algunas funcionarán. Repito, la mayoría de ellas no lo hará, pero un solo acierto puede compensar muchos errores. Si echas cuentas, verás que las probabilidades están a tu favor cuando respaldas algunas ideas a largo plazo. De hecho, algunas de las innovaciones de mayor éxito proceden de empleados de bajo nivel a los que se dio la oportunidad de ser escuchados. Si creas una atmósfera en la que se exige un cien por cien de éxito en todas las etapas del juego, provocarás un cortocircuito en la ambición de la que depende en realidad el éxito y los logros.

Volviendo a nuestro ejemplo de los clientes enfadados, no sólo recibes más ideas cuando permites fracasos a corto plazo, sino que también consigues una hoja de ruta detallada para alcanzar el éxito. Cuando el miembro de un equipo fracasa, da los pasos necesarios para aprender todo lo posible de esa experiencia. Será una información muy valiosa. Cuando sabes por qué no funciona algo, no estás muy lejos de aprender cómo y cuándo puede funcionar.

CREAR AMBICIÓN ASERTIVA EN TU EQUIPO

Cuando hablamos de crear ambición asertiva en los miembros de tu equipo, es necesario hacer una distinción entre teoría y práctica. Resulta fácil ver por qué es mejor tener un equipo ambicioso que uno complaciente. En la práctica, sin embargo, ¿qué puedes hacer específicamente para que eso ocurra? Para responder a esa pregunta, vamos a ver un proceso en tres pasos que puedes poner en marcha hoy mismo.

CREAR UNA CULTURA DE APRENDIZAJE

El primer paso es crear una cultura de aprendizaje en tu equipo. Crea un programa que de forma consistente aporte las últimas tendencias, investigaciones, técnicas y herramientas de tu industria. Puedes, por ejemplo, designar cada día un miembro diferente del equipo para que comparta algo que haya aprendido. Puede proceder de revistas profesionales, páginas de Internet o experiencias en el lugar de trabajo.

Esto satisfará una necesidad muy fuerte y muy humana en los miembros de tu equipo. Responderá a su necesidad de aprender y crecer. La educación es en realidad un juego de suma cero. Si no aprendes cosas nuevas, no sólo te quedarás donde estás. En realidad te quedarás atrás, y con rapidez, porque los nuevos conceptos e ideas entran en escena a un ritmo feroz. Debes estar en contacto con ellos para mantenerte al día.

Existe un número incontable de recursos para ayudar en este proceso de formación continuada. Comprar libros y revistas es uno de los pasos más sencillos que se pueden dar. Puedes crear una biblioteca en tu lugar de trabajo, o simplemente los puedes dejar por ahí para que la gente les eche un vistazo cuando tenga tiempo. No es necesario que la formación tenga lugar en un ambiente académico formal, y los libros no tienen que estar en estanterías para que se lean. De hecho, probablemente no deberían estar allí.

El siguiente paso consume un poco más de tiempo y es más caro, pero también es muy provechoso para todo el mundo. Envía a los miembros de tu equipo a seminarios o programas de formación. Volverán con un gran sentido de la profesionalidad y con un tesoro de información nueva. No es necesario decir que tú también deberías asistir a estos cursos con la mayor asiduidad posible. Ser un líder asertivamente ambicioso significa que debes conocer la industria del derecho y del revés. Siempre deberás estar a la última de dónde ha estado, dónde está y hacia dónde va. No esperes que los miembros del equipo lleguen a ese nivel de profesionalidad hasta que tú lo hayas alcanzado.

El tercer paso está relacionado con lo que haces con

las ideas y la información que se han aprendido. Todo el tiempo y el dinero que gastas en educación se perderá si lo aprendido no se aplica. Cada año se gastan millones de dólares en formación continuada, seminarios y desarrollo, pero cuando los empleados vuelven a sus empresas, las ideas se olvidan con rapidez. La inversión fue una pérdida. Para que esto no ocurra, necesitas crear una atmósfera en la que las nuevas ideas que tu gente ha aprendido sean valoradas y compartidas. Como siempre, se trata simplemente de ser asertivo. Reúne a tu equipo y pregúntale que han aprendido. Descubre cómo crees que esta información puede mejorar la empresa. Haz que compartan con el resto del equipo la información que han aprendido. Existe un éxito potencial en sus ideas, pero eres tú el que tiene que sacarlo a la superficie.

Aunque no todas las ideas funcionarán, intentar cosas nuevas es el mayor beneficio que reporta la formación de los empleados. Sin embargo, el proceso no termina ahí. Aunque tu empresa mejore a corto plazo gracias a la nueva información, el mayor beneficio será a largo plazo. El tipo de miembro de un equipo que resultará de una formación continuada, seminarios y desarrollo compensará con creces cualquier gasto monetario en que incurras.

Piensa en cómo te sentirías si asistieras a un seminario para reducir la rotación de empleados y cuando regresases a tu empresa nadie te preguntase qué habías aprendido. Te sentiste estimulado por las posibilidades de cambios para crecer. Aprendiste algunas ideas realmente útiles que encajarían muy bien con tu organización, pero todo eso se habría perdido.

La situación sería muy diferente si tu supervisor espera-se ansioso tu regreso, deseoso de escuchar tus ideas. Sentirías que te necesitan, que eres importante y tendrías ambiciones de futuro.

Al comprender cómo te sentirías en esa situación, también puedes entender cómo se sentirán los miembros de tu equipo. Probar ideas nuevas es una forma de dar a todo el mundo una oportunidad para hacer avanzar a la organización. Si ya le has ofrecido a tu equipo la oportunidad de aprender y crecer, entonces vas en la dirección correcta. Si no es así, hay algunos cambios que deberías implantar de inmediato.

CADA CASO ES ÚNICO

Antes de cerrar nuestro análisis sobre la ambición asertiva, existe un aspecto más que es necesario plantear alto y claro. Una cosa es decir que todo el mundo debería ser productivo y ambicioso, y que deberías hacer todo lo posible para aumentar la productividad. Sin embargo, la verdadera ambición asertiva puede significar algo completamente diferente para cada persona.

Muchas personas en posiciones de dirección o liderazgo intentan motivar a sus equipos utilizando enfoques de «talla única». Las personas que forman tu equipo son tan diferentes como un cesto de alubias y una tarta de manzana. Cada uno de ellos necesita una forma individual de motivación, y es tarea tuya descubrir cuál es en cada caso. ¿Qué les anima? Puede que te lleve un poco de tiempo y esfuerzo, pero descubrir las poderosas motivaciones que mueven a tu gente puede ser lo mejor que hagas por tu equipo y por ti. ¡Sé asertivamente ambicioso realizando este descubrimiento!

PASOS A SEGUIR

1. Revisa honestamente tu vida. ¿Siempre «das ejemplo»? ¿Dónde y cuándo tus acciones no han coincidido con tus palabras? Elabora una lista de áreas en tu vida en las que tus palabras o tus acciones no son consistentes con tus valores. Una vez hayas creado esta lista, comprométete contigo y con tu equipo a ser un modelo de tus mensajes.

2. En el ejemplo de Mike, como líder era responsable de la actuación de su equipo. Reflexiona sobre tus habilidades de liderazgo y elabora una lista de al menos tres cosas que puedas hacer para motivar aún más a tu equipo y reforzar su moral, productividad e iniciativa.

3. A continuación aparece la lista de las cuatro tácticas de liderazgo. Durante la próxima semana, repasa esta lista y comprueba que has utilizado todas las tácticas para aumentar el entusiasmo y la productividad de tu equipo.

- ❏ Táctica 1: Llega temprano
- ❏ Táctica 2: Mantén una energía elevada
- ❏ Táctica 3: Saluda a tu equipo con entusiasmo y humor
- ❏ Táctica 4: Ten un plan de acción claro

NOTAS DEL PLAN DE ACCIÓN

Puedes hacer más amigos en un mes intentando interesarte por otras personas, que en dos años intentando que otras personas se interesen por ti.

Dale Carnegie

CAPÍTULO 15
Resolver los conflictos de forma asertiva

Hemos recorrido un largo camino en nuestro análisis de las habilidades interpersonales y de cómo podemos ponerlas en funcionamiento de una forma asertiva. Sólo quedan dos capítulos en este libro, y son igualmente prácticos e importantes. El primero nos lleva a la quinta y última habilidad esencial para tratar a las personas: la resolución asertiva de los conflictos. El conflicto es una realidad en el lugar de trabajo y resulta esencial que los líderes conozcan las herramientas efectivas para tratarlos y resolverlos antes de que estos se intensifiquen. Hay muchas razones para ello. Lo primordial son los aspectos legales que envuelven al conflicto. Lo que solían ser meros incidentes desagradables tienen ahora como consecuencia elevados gastos. Esto es especialmente cierto cuando el conflicto estalla alrededor de temas de raza, género, edad, etnia u otras muchas áreas sensibles. Más preocupante aún es que se han producido incidentes muy difundidos en los que conflictos en el lugar de trabajo se han vuelto violentos.

Todos estos factores han convertido la prevención de conflictos y las herramientas de resolución en elementos mucho más valiosos que antes.

Para empezar, vamos a obtener una perspectiva de qué elementos exactamente están implicados en este tipo de situaciones y qué nivel de complicación pueden alcanzar. Para llevarlo a cabo, vamos a ver un incidente de la vida de un hombre que es conocido por cosas mucho mejores que participar en peleas. Como veremos, su estimable reputación llegó más tarde en su carrera.

LA VALIOSA LECCIÓN DE LINCOLN SOBRE RESOLUCIÓN DE CONFLICTOS

En 1842, Abraham Lincoln tenía treinta y dos años y estaba en su tercer mandato en la legislatura del estado de Illinois. Lincoln ya había adquirido la reputación de ser un abogado muy trabajador, bastante atlético y muy dotado para explicar historias humorísticas. También tenía la costumbre de redactar editoriales y cartas al director del periódico local. A menudo estas últimas estaban adornadas con bromas a sus propias expensas. Pero no siempre. A veces Mary Todd, su futura esposa, le ayudaba a redactar los textos que enviaba al periódico, y estas colaboraciones solían tener un tipo de humor más agresivo. Lincoln y Mary solían utilizar el seudónimo Rebecca para firmar sus cartas.

En la primavera de 1842, Lincoln escribió una carta al periódico que atacaba explícitamente a otro funcionario del estado llamado James Shields. Este individuo no era precisamente un hombre popular en la ciudad. Se le consideraba un fanfarrón y un bocazas. En su carta, Lincoln utilizaba un estilo satírico para atacar a Shields por sus opiniones políticas, y también calificaba a Shields de mentiroso y cobarde. Sorprendentemente, después de publicarse la primera carta, aparecieron tres más en rápida sucesión, todas ellas atacando a Shields. Shields se sintió ultrajado. Exigió saber quién había escrito todas esas cartas firmadas con el nombre de Rebecca. Por supuesto, Lincoln también estaba intrigado, pero pronto descubrió que Mary Todd y una de sus amigas eran las culpables.

Para proteger la identidad de las mujeres, Lincoln asumió la responsabilidad de las tres cartas, pero Shields no quedó satisfecho. De hecho, retó a Lincoln a un duelo. Lincoln no tenía más alternativa que aceptar, pero esto marcó un verdadero punto de inflexión en lo que hoy llamaríamos sus habilidades interpersonales.

Lincoln se dio cuenta de que había cometido un tremendo error con sus cartas provocadoras. Aunque Shields era de hecho un tipo extremadamente desagradable, para Lincoln estaba claro que él mismo había provocado el conflicto, y ahora iba a tener que participar en un duelo. Según las reglas del duelo, estaba en manos de Lincoln elegir las armas. Como Shields medía poco menos de un metro ochenta y Lincoln un metro noventa y cinco, decidió sacar toda la ventaja a su altura y escogió sables de caballería extremadamente largos. Sin embargo, antes que se celebrase el duelo, Lincoln escribió una carta más. Le escribió una carta al propio Shields. En esta carta, Lincoln le ofrecía a Shields publicar una disculpa en el periódico. Para un hombre que ya era una figura pública con grandes ambiciones políticas, era un paso muy duro. Lincoln sabía que había provocado el conflicto y que era su responsabilidad resolverlo, aunque significara quedar en ridículo. Sin embargo, Shields no aceptó el ofrecimiento de Lincoln y el duelo se celebró como estaba planeado.

Afortunadamente, al empezar el duelo, Shields se dio cuenta rápidamente de que la mayor envergadura de Lincoln lo situaba en una desventaja insalvable. Lincoln se lo dejó claro pasando su espada por encima de la cabeza de Shields y cortando la rama de un árbol. En este momento intervinieron los amigos de ambos hombres y se puso punto y final al duelo. Así como al conflicto. Los dos hombres se dieron la mano y regresaron a sus casas. Sin embargo, Lincoln había aprendido algo muy importante y nunca más escribió una carta anónima. Nunca más dirigió su humor contra una persona en público. Años después, reconoció que el incidente con Shields era uno de los recuerdos más dolorosos de su vida. Sin lugar a dudas, también era uno de sus recuerdos más importantes. Con la lección que aprendió de él, más tarde fue capaz de encontrar compasión y respeto por los estados del Sur después de su derrota en la Guerra Civil. Este acontecimiento trascendental seguramente tuvo un papel significativo en su rechazo a aplicar los duros castigos que muchos recomendaban. También vale la pena señalar que durante la guerra Lincoln le pidió a su antiguo enemigo Shields que sirviera como general en el ejército de la Unión.

Al analizar los conflictos en el lugar de trabajo y cómo los puedes resolver de forma asertiva, haremos una distinción entre dos tipos de situaciones. Las primeras son aquellas en las que estás implicado directamente como una de las partes en conflicto, y las segundas son conflictos en los que eres una tercera parte o mediador.

PARTICIPAR EN UN CONFLICTO

Cuando estás directamente implicado en un conflicto como uno de los participantes, hay una serie de pasos asertivos que puedes y debes dar con la mayor rapidez posible. Cuando los veamos uno a uno, por favor, ten en cuenta que ninguno de ellos depende de las circunstancias específicas en que tenga lugar el conflicto. Ninguno de ellos se centra en determinar quién tiene razón o no, o quién es bueno o malo. En el peor escenario posible, abogados o mediadores profesionales pueden decidir estas cuestiones. Sin embargo, para nuestros objetivos vamos a asumir que un conflicto enconado en un entorno profesional es algo inherentemente negativo e improductivo. Nuestra meta será finalizarlo de una forma asertiva con toda la rapidez y justicia posibles.

Al analizar cualquier situación conflictiva, un buen modo de empezar es identificando las variables. Estas son los puntos donde existe una posibilidad real de cambio o ajuste. Si eres uno de los actores principales del conflicto, a veces verás demasiadas de estas zonas y a veces demasiado pocas. Hay elementos del conflicto que siempre se pueden someter a cambio: tus pensamientos, sentimientos y respuestas. Aun cuando parezca que la otra parte en conflicto se niegue totalmente a cambiar, puedes ejercer una influencia positiva. Está en tu mano hacerlo. Es verdad que tu ego se puede interponer en el camino, pero ser flexible hasta cierto punto no significa que te dejes pisotear por el otro. Es sólo una situación más en la que puedes escoger la asertividad antes que la agresividad o la pasividad. Veamos algunos elementos específicos al realizar dicha elección.

REALIZA UNA EVALUACIÓN HONESTA

Primero, realiza una evaluación honesta del equilibrio de poder en la situación específica. Uno de los aspectos más duros de un conflicto profesional es el hecho de que rápidamente pierde todo su componente sentimental. Cuando están implicados el dinero y temas relacionados con el puesto de trabajo, resulta sorprendente lo rápido que desaparece todo lo demás. Todos los almuerzos, las salidas de empresa y los partidos de baloncesto no significan nada cuando la cosa se pone fea en un entorno corporativo. Irónicamente, esto es algo que hace que los conflictos profesionales sean más fáciles de manejar que una discusión seria entre esposos, miembros de la familia o amigos íntimos. En estos conflictos están implicados profundos aspectos emocionales que pueden provocar que una resolución clara sea muy difícil. En las discusiones de negocios, te sorprenderá comprobar lo poco que significan los sentimientos personales cuando se trata de llevar el agua a tu molino.

Steve realiza una evaluación honesta

Al examinar el equilibrio de poder en el conflicto, debes analizar la diferencia entre lo que las partes simplemente quieren y lo que realmente necesitan. Aquí tienes un ejemplo que lo aclara. Steve era un experto en recursos humanos. Puso en marcha una serie de encuentros en los que las corporaciones podían escuchar a expertos hablando sobre temas de recursos humanos, y en los que se podía intercambiar información. Steve organizaba como media una mesa redonda al mes en Estados Unidos, los países de la costa del Pacífico y Europa occidental. Para el negocio de Steve era muy importante que estos eventos tuvieran lugar en hoteles de primera clase, con alojamientos y comida excelentes. También era importante que los oradores invitados fueran autoridades reconocidas en su campo. Steve era muy bueno organizando todo esto, y su negocio había tenido mucho éxito durante más de veinte años.

Recientemente, Steve se había dado cuenta de que su página web necesitaba una actualización que la igualase con otros aspectos de sus eventos. Steve tenía página web desde hacía algunos años, pero nunca le había prestado mucha atención. La página web era sólo una de las muchas vías a través de las cuales los clientes potenciales podían obtener información sobre el negocio o los clientes habituales podían encontrar los datos de los próximos eventos. Cuando un cliente mencionó que la página web de Steve tenía una apariencia vergonzosamente anticuada, empezó a buscar un diseñador de páginas web de primera.

Steve entrevistó a una serie de personas y al poco tiempo encontró a Sharon, que parecía tener exactamente las habilidades que él necesitaba. Sólo había un problema. Cuando Sharon le expuso a Steve sus tarifas, se le cayó el alma al suelo. La sola idea de pagar tanto dinero por el diseño de una página web le parecía ultrajante. Sin embargo, Sharon señaló que el suyo era un precio de mercado razonable para una diseñador de primera fila. Según ella, eso era lo que Steve iba a tener que pagar por un trabajo sobresaliente. Podía pagar menos, por supuesto, pero obtendría menos del resultado óptimo.

Aunque Steve y Sharon habían conectado bien en sus conversaciones iniciales, rápidamente sus negociaciones se volvieron hostiles. A Steve le pareció casi impertinente que Sharon se hubiera vuelto de repente tan exigente cuando había sido tan amistosa hasta ese punto. En un nivel puramente emocional, no quería saber nada más de ella.

Sin embargo, si Steve se deshacía de Sharon, ¿dónde quedaría? Sharon era sincera cuando le dijo que las suyas eran las tarifas habituales de los buenos diseñadores de webs. Cuando eliminó las emociones, Steve vio que necesitaba exactamente lo que le ofrecía Sharon. Por otro lado, lo que quería era algo diferente por completo. Deseaba un diseñador de primera fila que cobrase mucho menos dinero. Sin embargo, después de una investigación adicional por parte de Steve, parecía que eso no era realista. En cualquier caso, tendría que hacer un montón de entrevistas más. Es más, Steve disponía de los recursos financieros para pagar lo que le pedía Sharon. En realidad, la base del conflicto era el hecho de que Steve se sentía personalmente insultado por lo que Sharon pedía. En cuanto eliminó estos sentimientos de la ecuación y se centró en las realidades del negocio, fue fácil cerrar el trato con Sharon. Esto no era ceder. Era una forma asertiva de resolver el conflicto, que implicaba ser asertivo contigo mismo y con la otra parte.

Por eso una evaluación honesta y realista de la situación,

que comprenda tus necesidades, es el primer paso hacia su resolución. Es responsabilidad tuya realizar esta evaluación, pero no es la única responsabilidad que tienes en la resolución asertiva de conflictos. También es necesario que le des a la otra parte la información imprescindible para que tome una decisión y alcance el mismo nivel de lucidez que tienes tú.

En la situación que acabamos de ver, Sharon hizo un buen trabajo. Fue clara sobre lo que necesitaba y fue clara con el hecho de que no podría trabajar por menos. También dejó patente que su posición estaba en línea con las realidades del mercado. Esto no es agresividad ni pasividad. Es asertividad. Sharon investigó por su cuenta, confiaba en los hechos y fue capaz de expresar su posición con mucha claridad. Si haces lo mismo de forma honesta y convincente, existen muchas posibilidades a que puedas prevenir el estallido de un conflicto. Si el conflicto estalla, puedes evitar que sufra una escalada o lo puedes atajar con rapidez.

CÓMO COMPORTARTE DURANTE EL CONFLICTO

Si te encuentras en medio de un conflicto, piensa en cómo se comportan los niños pequeños cuando discuten en el parque, ¡y no actúes así! No desprecies a la gente. No culpes a otros. No intentes describirte como totalmente inocente a expensas de la otra parte. Estas tácticas sólo incrementan la autojustificación y la posición defensiva de la otra parte. Habla de tu propio comportamiento más que del de los demás. Si te impacientas, es mucho mejor decir «Voy a esperar hasta que termines de hablar» que «¿Por qué no te callas de una vez?». No siempre resulta fácil mostrar este tipo de control, pero a la larga es mucho más productivo.

Otro aspecto clave: céntrate en el presente o el futuro. No te aferres al pasado. Invocar lo que pasó la semana pasada o el año pasado es casi siempre una mala idea en los conflictos profesionales, sea lo que sea lo que intentes decir. A menudo la gente se refiere a sucesos del pasado como una forma de conseguir lo que quieren ahora: «¡Mira todo lo que he hecho por esta empresa en el último año! ¡Ahora no me puedes tratar así!». Todo eso puede ser cierto, por supuesto, pero esencialmente es un argumento sentimental. Como hemos dicho, tanto lo bueno como lo malo de las relaciones profesionales es que básicamente no son sentimentales. Las amistades profesionales son principalmente significativas cuando todo va bien. Cuando surgen los problemas en el lugar de trabajo, resulta sorprendente la rapidez con la que dos buenos compañeros se pueden convertir en extraños.

En lugar de hablar del pasado, enfatiza lo que puedes aportar ahora y en el futuro, si este conflicto llega a una solución satisfactoria. Esta es tu verdadera carta para negociar. De esta forma puedes mostrar que es en interés de todos que se satisfagan tus necesidades. Por el otro lado, si no te puedes presentar como un activo valioso para el futuro de la organización, tu posición se verá muy debilitada. Por eso ten siempre en cuenta lo que realmente necesita la empresa, y por qué posiblemente no se podrán satisfacer dichas necesidades sin tu contribución.

Siguiendo con el tema del pasado, evita utilizar ciertas

palabras y frases que suelen perpetuar problemas vigentes e introducirlos en la situación actual. Si se acalora la discusión, te puedes encontrar diciéndole a alguien cosas como: «Siempre haces eso» o «Nunca dejas de actuar de ese modo». Este tipo de descripciones negativas y generalizaciones suelen autocumplirse. Al intentar resolver un conflicto, es mucho mejor tener en cuenta cualquier cambio positivo, por pequeño que sea, y reforzarlo.

Uno de los ejemplos más importantes de este principio se produjo durante la crisis de los misiles de Cuba en 1960. Como sabrás, fue el momento en que el mundo estuvo más cerca de una guerra nuclear, con Estados Unidos y la Unión Soviética enfrentados por la presencia de misiles nucleares rusos en Cuba. En cierto momento, Estados Unidos recibió lo que parecía un mensaje positivo de los rusos, sugiriendo que existía una vía para resolver el conflicto. Mientras el presidente Kennedy y sus asesores estudiaban el mensaje, llegó un segundo comunicado, que era mucho más de la línea dura. En este punto, Kennedy realizó un movimiento brillante. Decidió responder inmediatamente al primer mensaje e ignorar el segundo. Al reforzar lo positivo en lugar de centrarse en lo negativo, salvó literalmente al mundo. Por eso, recuerda este principio. Es asertivo y efectivo.

Finalmente, y quizá lo más importante, veamos el lado bueno. Imaginemos un escenario en que has tenido éxito en resolver el conflicto. De hecho, asumamos que tus necesidades se han visto satisfechas y que en términos convencionales se te podría considerar el «ganador» de la disputa. En este punto es muy importante que resistas cualquier tentación de regodearte en la victoria. Si no dejas que la otra parte tenga una retirada honorable, puedes estar seguro de que el conflicto volverá a estallar en algún momento. Y la próxima vez el resultado puede que no sea tan favorable. Como hemos mencionado, esto fue algo que Lincoln comprendió cuando se acercaba el final de la Guerra Civil y nunca más se ha producido un conflicto abierto entre los estados. Esto fue algo que los Aliados no comprendieron al final de la Primera Guerra Mundial, y el resultado fue una catástrofe económica y la subida al poder de Adolf Hitler.

Si no eres generoso al final de un conflicto en el contexto empresarial, es posible que la otra parte no se convierta en un dictador fascista, pero es casi seguro que acabarás lamentando tu comportamiento. Después de todo, el objetivo de la resolución asertiva de conflictos no es una «victoria», sino un «ganamos todos». Cuando hayas comprendido esto, habrás dado un gran paso para dominar las habilidades para tratar con las personas, no para dominar a las personas.

COMUNICACIÓN NO VERBAL

Al analizar la resolución de conflictos, hasta ahora nos hemos centrado principalmente en lo que se dice. Hemos puesto el énfasis en lo que hay que decir y lo que no hay que decir. Pero la verdad es que el 90 por ciento de la interacción humana tiene lugar a través de la comunicación no verbal. Esto incluye expresiones faciales, gestos y lenguaje corporal en general. También puede incluir tu elección de ropa, lo que pides para almorzar, o si llegas tarde o temprano a la reunión.

Las personas tienden a reaccionar más a lo que creemos

que quiere decir alguien que a lo que quiere decir o lo que dice en realidad. Esto es especialmente cierto en situaciones conflictivas. Por esta razón, debes prestar tanta atención a tus señales no verbales como a tus palabras. El lenguaje corporal es especialmente importante en este aspecto. De hecho, el poder del lenguaje corporal es tan fuerte que puede generar confianza o erosionarla casi al instante. Así que no cometas errores: una buena comunicación no verbal es una habilidad importantísima para resolver los conflictos.

En el nivel más obvio, un lenguaje corporal positivo significa sonreír, contacto visual y situarse ni demasiado cerca ni demasiado alejado de la otra persona. Pero hay mucho más. Cuando imitas o reflejas las posturas, los gestos y el tono de voz de la otra parte, su cerebro recibe algunas señales muy tranquilizadoras. El mensaje que tu lenguaje de espejo sugiere es: «Eh, esta persona es como yo». Como las personas confían en los que se les parecen más, puedes pensar en la comunicación no verbal como en una especie de danza. Te dejas llevar, pero al dejarte llevar bien puedes ser capaz de tomar el mando. Una vez más, esta es una buena manera tanto de prevenir los conflictos como de conducirlos a una resolución positiva.

Recuerda que la clave siempre está en ser todo lo sutil y discreto que sea posible. El objetivo de reflejar, por ejemplo, no es imitar con precisión lo que está haciendo la otra persona. No se trata de rascarte la cabeza cada vez que lo hace él. Más bien se trata de que se sienta cómodo al intentar captar el significado de sus acciones, mientras que mantienes tus intenciones fuera de su atención consciente.

Veamos algunas técnicas específicas para lograr este resultado. Primero, mantente en sincronía asegurándote de que tu lenguaje corporal, tus palabras y tu tono de voz coinciden. Supón que alguien te está diciendo lo mucho que siente que algo se haya interpretado como un insulto. Puede que te sientas satisfecho con lo que está diciendo, pero ¿qué ocurre si tiene los brazos fuertemente cruzados sobre el pecho? ¿Si pone los ojos en blanco mientras habla? ¿Si todo su mensaje verbal sigue diciendo que piensa que eres una molestia? En ese caso, el significado positivo de sus palabras es mucho menos asertivo que la negatividad de todo lo demás.

Segundo, cuando estás hablando acaloradamente con otra persona, mantén el contacto visual sin mirar fijamente, ¡y no olvides pestañear! Para ver lo importante que es esto, intenta mirarte en el espejo mientras entornas ligeramente los ojos o miras hacia un lado. Incluso la más mínima diferencia tiene un gran efecto en cómo se te percibe.

Tercero, evalúa la atmósfera y el espíritu de la interacción, e iguala la energía de la otra persona. Ponte de pie, camina o siéntate como lo haga el otro. ¿Anda rápido o despacio? ¿Se inclina hacia ti en la silla o se aleja de ti? Adapta gradualmente tus posturas para que igualen o reflejen las de la otra persona. Como hemos dicho, no hagas que esto sea demasiado obvio. No se trata de un juego de imitaciones. Se trata de utilizar una habilidad básica para tratar con las personas con sutileza y tacto. Además de igualar los gestos, iguala también el tono de voz. El tono de voz comprende tres elementos: agudo o grave, velocidad rápida o lenta, volumen alto o suave. Si la gente a tu alrededor habla en tono bajo o de forma más enfática, tú debes hacer lo mismo.

Cuarto, haz un esfuerzo para sonar positivo y entusiasta, incluso si la discusión se va calentando. La energía positiva siempre influye en la gente. Por muy difícil que pueda parecer, la resolución asertiva de conflictos significa sonreír y parecer confiado sin importar lo que ocurra. Si te empiezas a sentir incontrolablemente hostil, respira hondo o pide un vaso de agua. Haz un esfuerzo consciente por mejorar tu estado de ánimo.

Quinto, si sabes que vas a tener una reunión en la que puede surgir un conflicto, asegúrate de que llevas la ropa apropiada. Incluso antes de que digas nada, llevar la ropa equivocada puede resultar extremadamente insultante. Por otro lado, puedes utilizar de nuevo el principio del espejo simplemente vistiendo como requiere la situación.

A continuación, presta especial atención a la importancia del apretón de manos. Este es un gesto consagrado por el uso que tiene una profunda resonancia en nuestra cultura, en especial en términos de resolución de conflictos. Después de todo, la intención original del apretón de manos era mostrar que las partes no escondían cuchillos en las manos. En general, un apretón firme es una señal especialmente asertiva y es un gesto significativo cuando se sella un acuerdo y se resuelve un conflicto.

Finalmente, después de una reunión en la que ha aflorado un conflicto, es una muy buena idea escribir a mano una nota breve y sincera a la otra parte en un tono positivo y conciliatorio. Hazlo tanto si ganas como si pierdes o empatas. Una nota como esta no es sólo una comunicación. En realidad, es un regalo, y cuando le das un regalo a alguien, suele responder con amabilidad.

Sobre todo, recuerda que la resolución de conflictos se

basa principalmente en la intención. En tu fuero interno sabes cuándo estás dispuesto a dejar de luchar. Cuando sientas ese impulso, no dejes que tu ego te impida seguirlo. En el mismo sentido, estate atento a las señales de la otra parte que indiquen que está próximo a llegar a una resolución. Con frecuencia estos signos son muy pequeños y sutiles, pero no los desdeñes. La resolución asertiva de conflictos significa aferrarse a cualquier señal positiva y sacarle todo el partido.

PASOS A SEGUIR

1. El relato de cómo Lincoln se disculpó con humildad ante James Shields por las cartas que se publicaron en el periódico es muy impactante. Aceptó sin ambages su responsabilidad y, comprendiendo lo erróneo de su actuación, se disculpó con humildad. Reflexiona sobre tu carrera. ¿Has sido capaz de aceptar toda la responsabilidad por cualquier error que hayas cometido tú o tu equipo? Elabora una lista de esos errores del pasado de los que eres responsable. Si hay algo que necesitas reparar, nunca es tarde. Después de hacerlo, comprométete a aceptar toda la responsabilidad por tus acciones.

2. Cuando te enfrentes a un conflicto, hay cuatro pasos que harán que la experiencia sea todo lo placentera y productiva posible. La próxima vez que tengas que gestionar un conflicto, revisa la lista que damos a continuación y pon una X en los aspectos que necesites mejorar y señala las áreas en las que eres efectivo.

❑ Realiza una evaluación honesta de todos los detalles

de la situación.

❏ Incluye tus necesidades en la evaluación.

❏ Evita la retórica que ataca al otro. Esto sólo le hará responder a la defensiva.

❏ Habla de tu comportamiento con otra persona.

❏ Céntrate sólo en el presente y en el futuro. No escarbes en incidentes del pasado.

❏ Cuida tu lenguaje no verbal. Permanece abierto, adopta una postura receptiva y evita cruzar los brazos o inclinarte alejándote de la interacción. Todos estos son signos de estar a la defensiva y de cerrazón mental.

❏ No importa el resultado, termina con una nota amistosa y hospitalaria.

3. Elabora una lista de luchas o conflictos internos a los que te estés enfrentando en estos momentos. Después detalla los pasos que debes seguir para resolverlos. Cuando sea posible, ponte un plazo. Después haz una pausa y felicítate por ser tan valiente y proactivo.

NOTAS DEL PLAN DE ACCIÓN

CAPÍTULO 16
Gestión de conflictos
y negociación asertivas

En este capítulo final del libro vamos a concluir nuestro análisis de la resolución asertiva de conflictos. Veremos cómo esto se enlaza con otros temas que son extremadamente importantes no sólo para el éxito de tu carrera, sino para toda tu vida.

Cada día te ves envuelto en muchas situaciones potencialmente conflictivas. Constantemente te encuentras en ambientes en los que tus deseos y necesidades no son los mismos que los de las demás personas. De hecho, como no hay dos personas exactamente iguales, casi todas las circunstancias de tu vida entran dentro de esta categoría de experiencias. En todas las situaciones en que tus deseos difieren de los de otra persona, existen tres resultados posibles.

Primero, puedes salir como el «ganador». Consigues todo lo que quieres, mientras que la otra persona no obtiene nada. Sin embargo, también puede ocurrir lo contrario. Puedes ser el «perdedor». La otra persona alcanza sus objetivos y tú no llegas a los tuyos.

En el mundo real, una victoria completa de una de las partes es rara. Normalmente, el resultado queda en algún punto intermedio. Hay un toma y daca, se alcanza algún tipo de compromiso. La situación se resuelve y el medio que se utiliza es la negociación. En una situación negociada existen conflictos de intereses. Con frecuencia lo que una persona no quiere es precisamente lo que quiere la otra. Habitualmente ambas partes prefieren buscar una solución, más que rendirse, dejarlo estar o simplemente enfadarse el uno con el otro.

Así, damos el nombre de negociación a la resolución de conflictos por medios diferentes a la simple guerra interpersonal. Vamos a ver estrategias y tácticas de una negociación efectiva, lo que, después de todo, es el medio a través del cual se resuelven los conflictos.

GESTIONAR EL CONFLICTO

Pocas personas disfrutan estando en conflicto con otros seres humanos. Conflictos con superiores, subordinados o colegas no son experiencias placenteras, en especial si el conflicto se vuelve hostil. Negociar una solución al conflicto puede ser mentalmente agotador y emocionalmente demoledor. Sin embargo, el proceso se puede facilitar si no se pierden de vista los beneficios potenciales. Una negociación efectiva puede ser una experiencia altamente positiva desde el punto de vista personal y profesional. Desde el principio, la clave está en identificar el conflicto y gestionarlo en lugar de dejar que quede fuera de control. De este modo se puede abrir camino para una solución negociada. Cuando existe un conflicto de intereses, no lo niegues, pero tampoco lo aumentes. Comprométete y mantén una actitud positiva hacia la negociación. En sí mismo, tu compromiso es una habilidad asertiva para tratar con las personas, y debe ser tu punto de apoyo para enfocar la resolución de conflictos.

Si eres como la mayoría de la gente, intentarás evitar o negar el conflicto cuando surja. Una alternativa mejor es utilizar el conflicto como marco para tus habilidades creativas y asertivas para tratar con las personas. La corporación moderna se basa cada vez menos en títulos y poderes oficiales. Las líneas de demarcación de responsabilidad y autoridad están mucho menos claras. En consecuencia, el conflicto o el conflicto potencial tendrá una presencia aún mayor en el lugar de trabajo del futuro. Por eso las habilidades negociadoras pueden ser un elemento importante en el éxito de tu carrera. Más aún, existen algunas técnicas muy específicas y muy poderosas que te pueden convertir con rapidez en un negociador efectivo, a partir de hoy mismo.

Los negociadores hábiles empiezan con un concepto clave en mente. Saben que es importante satisfacer sus propias necesidades, pero también aprecian el valor de satisfacer a la otra parte. La meta es que sientas que el conflicto se ha resuelto de forma satisfactoria, y la otra persona debe sentir lo mismo. En resumen, debes apuntar a una salida de «todos ganan». La magia de una buena negociación es crear una situación de «todos ganan» aunque parezca una de «ganador-perdedor». La verdad es que casi todas las negociaciones tienen al menos algunos elementos de «todos ganan». El truco está en encontrarlos.

Para ayudarte a lograrlo, vamos a ver tres principios estratégicos fundamentales.

Primero, adopta un enfoque «todos ganan».

Segundo, clarifica qué quieres y por qué lo quieres.

Y finalmente, ten una imagen bien centrada de tu «Plan B» o posición de salida. Es decir, las circunstancias en las que tendrás que terminar la negociación sin resolución, Aunque esto pueda parecer el peor escenario posible, las habilidades asertivas para tratar con las personas harán que no sea tan malo como podría ser.

Como líder, intenta evitar ver la negociación como una actividad competitiva en la que tienes que dar el pelotazo para salir como «ganador». Incluso las llamadas negociaciones fallidas pueden convertirse en un peldaño para establecer una relación que puede tener beneficios a largo plazo para ti y para tu empresa. En este sentido, la negociación no termina nunca. Una negociación fallida puede ser a menudo el inicio de la siguiente fase.

Cada uno de estos principios es esencial para resolver un conflicto en un entorno empresarial, y ahora los vamos a ver en detalle.

Tu estado mental es clave

Cuando empieces el proceso de negociación, el estado mental con que inicies la experiencia es de suma importancia.

Tienes que empezar convencido de que existe una solución en la que todos saldrán ganando y de que tu deber es descubrirla. Aunque tengas serias dudas en lo más profundo de tu corazón, tienes que convencerte de que es verdad. En otras palabras, debes asumir la responsabilidad de una solución positiva, más que depositarla en circunstancias externas o en la otra parte. Esto puede parecer mucho pedir, pero verte como el factor de control es con mucho preferible a colocar tu destino en manos de otra persona. Por ello, haz que tu estado mental sea positivo, y convierte tu determinación en la base de tu estado mental. Estás al mando, y vas a afirmar ese control de una forma que será buena para todo el mundo.

Tienes más posibilidades de conseguir una solución en la que todos salgan ganando si enfocas la negociación con este sentido de autoatribución de poder. Desde esa perspectiva, será mucho más fácil mostrarte interesado por las preocupaciones de la otra parte y tu empeño por encontrar una resolución de «todos ganan». Puedes hacerlo intentando crear alternativas que tengan mucho valor para la otra persona, planteando opciones que se ajusten a los intereses del otro, o incluso permitiendo que tu oponente se declare ganador.

En términos generales, existen dos tipos de personalidades entre los líderes y sus diferentes características determinan sus estilos de negociación. Los líderes autocráticos consideran que deben obtener lo que quieren cuando interactúan con los miembros del equipo. ¿Por qué? Sencillamente, debido a su cargo y la jerarquía de la organización. Su respuesta rutinaria puede ser: «Porque soy el jefe». Es posible que piensen que están negociando, pero lo que les interesa realmente es impartir órdenes.

Al impartir órdenes, los líderes autocráticos no se dan cuenta de hasta qué punto se ganan el antagonismo de los demás. Aunque las tareas que asignan se lleven a cabo, es posible que se realicen de forma inapropiada o ineficiente. Este es el fenómeno que se conoce como «obediencia maliciosa», en el que las órdenes se cumplen técnicamente pero al mismo tiempo se socavan sutilmente. Por ejemplo, imagina a un líder autocrático que envía a su secretaria a que le consiga un bocadillo para almorzar. La secretaria regresa con un bocadillo de jamón y el directivo grita: «¿A esto lo llamas un almuerzo? ¡Consigue algo decente para comer!». De manera que la secretaria vuelve a salir y va a un restaurante de cinco estrellas, donde consigue un almuerzo para llevar por valor de quinientos dólares. Técnicamente, ha seguido las órdenes, pero también ha utilizado la obediencia para atentar contra la autoridad. Como los «remordimientos del comprador» en el mundo de las ventas, la obediencia maliciosa se presenta con frecuencia en las negociaciones con personalidades autocráticas.

La personalidad acomodaticia

Un segundo tipo de negociador es la personalidad acomodaticia, que puede ser un líder o un subordinado. Sin importar su posición en la organización, están más preocupados por lo que quieren los demás que por sus propias necesidades. Algunas veces, para evitar el conflicto, no negocian en absoluto y acaban saboteando sus propios intereses. Como la negociación implica conflicto, para estas personas resulta imprescindible forzar una cierta cantidad de compromiso. Esta es la única forma en que se pueden convertir en partícipes efectivos de una actividad de negocios.

ADOPTAR UN ESTADO MENTAL COLABORADOR

Supón que vas a ir a una negociación con alguna de las dos personalidades que acabamos de describir. ¿Qué estado mental querrías adoptar? ¿Positivo o negativo? ¿Colaborador o de confrontación? Si tuvieras que tratar con un individuo autocrático, ¿dejarías que preparase el terreno para una obediencia maliciosa por tu parte? ¿Sería tu plan oculto ganar una guerra de guerrillas contra el pez gordo, haciéndole creer que ha ganado en principio? O, si estás ante una persona extremadamente acomodaticia, ¿te aprovecharías de la debilidad aparente de esta persona en beneficio propio? En pocas palabras, puede haber cierta satisfacción en estas intenciones hostiles por tu parte, pero no serían realmente asertivas en el sentido que hemos estado utilizando el término. Es posible que te reafirmes frente a tu adversario, pero no te reafirmarás frente a tus propios impulsos negativos. No has entrado en la negociación con un estado mental positivo. Un estado mental positivo significa ver lo que hay de positivo en la otra persona y en la situación en su conjunto, y maximizar esos elementos positivos. Es verdad que puede no resultar fácil tratar con algunas de las personalidades extremas que acabamos de describir. Las habilidades interpersonales asertivas con frecuencia no son fáciles, al menos a corto plazo. Pero, a la larga, utilizarlas hará que la vida sea más fácil para todo el mundo.

Resulta fundamental comprender que no se puede aprender a negociar siguiendo un conjunto prefabricado de comportamientos y aplicándolos a todas las situaciones. Eso podría funcionar si todo el mundo se comportase de forma racional y predecible. Pero no es posible, porque la gente es a menudo emocional e irracional. Para negociar bien te tienes que preparar para utilizar una variedad de enfoques dependiendo de quién se encuentra al otro lado de la mesa. La palabra clave aquí es *preparar*. Necesitas prepararte sabiendo qué quieres y qué quiere la otra persona. Prepararte para el comportamiento potencialmente corrosivo o sumiso de la otra persona. Y prepararte para asumir la responsabilidad de convertir esos elementos en una resolución en la que todos salgan ganando.

Es muy importante tener claro las metas reales y los temas reales, e intentar identificar las necesidades reales del otro con honestidad. Muchas negociaciones fracasan porque la gente está preocupada sobre todo en que no se aprovechen de ellos. Pierden de vista los aspectos auténticos. Están más preocupados de si la otra parte gana o ya ha dado un paso en dirección a la victoria. Este es fundamentalmente un enfoque débil, aunque se intente presentar como fuerte.

SÉ CLARO SOBRE TUS DESEOS Y NECESIDADES

Este es nuestro segundo principio estratégico. Después de comprometerte con un resultado de «todos ganan», sé claro sobre lo que quieres y por qué lo quieres. Y haz una distinción entre tus deseos y necesidades reales, y aquellos que sólo sirven a una intención superficial. No te centres en el tamaño o la forma de la mesa, porque esa no es la verdadera razón de la negociación.

Tercero, sé claro sobre las circunstancias en las que abandonarás la negociación. O, para decirlo de otra forma, ¿existe alguna situación en la que te irías?

Si no existe, debería existir, porque en cualquier negociación seria tienes que estar preparado para abandonarla si ves que tus necesidades reales no se pueden satisfacer. Si tienes 200.000 dólares para comprar una casa y el vendedor quiere 400.000 dólares, no cabe duda de que puedes empezar una negociación asertiva. Puedes encontrar muchos temas colaterales que discutir y quizás ambas partes realicen concesiones. Pero si el vendedor sigue pidiendo el doble de la cantidad que tienes, has de estar preparado para abandonar.

Por otro lado, si verdaderamente no existe una situación en la que abandonarías la negociación, y la otra parte es un negociador decidido, le puedes ahorrar tiempo a todo el mundo rindiéndote desde un principio.

Volvamos al ejemplo de la casa. Supón que rompes con el vendedor que quería 400.000 dólares y encuentras otro vendedor que quiere 200.000 dólares (exactamente la cantidad de dinero que tienes). Pero ahora te asalta una idea nueva. Quizá deberías comprar una casa de 100.000 dólares en lugar de gastar hasta el último céntimo que tienes.

Tu conversación con el vendedor puede ser como la siguiente: «Me gusta la casa que me está ofreciendo por 200.000 dólares, pero me estaba preguntando si podría conseguir una casa igual de buena por 100.000 dólares. Así que he pensado en seguir mirando durante un tiempo».

«Bueno –responde el vendedor–, puede mirar todo lo que quiera, pero le puedo asegurar que no hay casas como esta por 100.000 dólares.»

A pesar de todo, decides explorar el mercado. Quieres una casa de tres habitaciones con un garaje para dos coches y piscina. Esas son tus necesidades reales en esta situación, pero mientras miras por ahí parece que el vendedor tenía razón. No parece que haya casas como esas por 100.000 dólares. Si quieres ser cabeza dura puedes seguir mirando en una zona cada vez más amplia. Puedes esperar y ver si otras casas salen al mercado. Quizá puedas esperar durante años. La verdad es que, si realmente necesitas esa casa de tres habitaciones y no hay otras disponibles, no tienes ninguna posición para romper las negociaciones y tendrás que aceptar el precio del vendedor. Si ese es el caso, lo podrías haber hecho temprano mejor que tarde. Si no lo haces, no estás siendo duro. Sólo estás siendo cabeza dura.

SÉ CLARO CON TU PLAN B

Un concepto útil es tener siempre un Plan B cuando vas a una negociación, es decir, el curso que tomarás si resulta totalmente imposible llegar a un acuerdo. Si estás negociando un salario, por ejemplo, tus alternativas pueden incluir un puesto específico en alguna parte, una búsqueda más larga de trabajo o permanecer en tu puesto actual. Este es un punto de referencia crucial porque la ruptura, o el Plan B, establece el mínimo para el acuerdo. El resultado de la negociación tiene que igualar o mejorar tu Plan B.

Determinar tu Plan B, o posición de retirada, no siempre es fácil. Debes establecer un valor concreto para varias alternativas. Por ejemplo, conoces el valor de tu empleo actual, pero ¿vale la pena aceptar una subida salarial de 5.000 dólares si implica cambiar de ciudad? En negociaciones sencillas, puede que sólo se plantee un tema como este. Sin embargo, con frecuencia existen muchas variables que pueden hacer que tu punto de retirada sea muy escurridizo. Es más, resulta igualmente importante determinar el punto de retirada o Plan B de la otra parte. De hecho, un objetivo de la negociación asertiva puede ser acercarte todo lo posible al punto de retirada de la otra persona.

Cuando llegues realmente a tu Plan B, aquí tienes algunas cosas que debes tener en mente. En la mayoría de las situaciones conflictivas en el entorno corporativo, tendrás una relación continuada con la otra persona, así que no abandones la mesa de negociación con una actitud sombría y no dejes que lo haga tampoco la otra parte. Repito, no es fácil, pero considéralo una prueba de tu asertividad y de tus habilidades para tratar con las personas. Al hacerlo, abrirás la posibilidad de un resultado mejor en otro momento.

Aquí tienes un ejemplo de cómo puede funcionar. Kim y Gretchen son dos diseñadoras gráficas independientes. Una pequeña editorial ha decidido publicar una nueva colección de libros de cocina, que requerirá mucho diseño. Kim y Gretchen han sido contratadas para trabajar en la nueva colección. Aunque no se conocen, negociaron acuerdos por separado que fijaron prácticamente la misma cantidad de dinero para las dos. Ambas están entusiasmadas con el nuevo proyecto. También se sintieron gratificadas con llamadas personales de

Paul, el director editorial, que les dijo lo feliz que se sentía de poder hacerles este encargo.

Eso fue el viernes. El lunes sonó de nuevo el teléfono en el estudio de Kim y también en el de Gretchen. Esta vez no era Paul. Era su asistente, que explicó a las dos diseñadoras que durante el fin de semana Paul había pensado en el nuevo proyecto y había decidido cancelarlo. Lo sentía mucho, pero esa era su decisión, y les agradecía el tiempo que le habían dedicado.

Kim se puso furiosa de inmediato. Primero se quejó con vehemencia ante la asistente y después escribió rápidamente un e-mail a Paul en persona. Le dijo que había sido extremadamente poco profesional al comprometerse a algo y después echarse atrás tan de repente. Le mencionó que había dejado otro trabajo en suspenso para estar disponible para este proyecto, y ahora sin duda también había perdido ese negocio. Finalmente, que señalaba lo insensible que era por parte de Paul obligar a su asistente a comunicar las malas noticias. Desde un punto de vista estrictamente factual, Kim tenía razón prácticamente en todo lo que dijo.

Gretchen también se enfadó cuando recibió la llamada de la secretaria de Paul, pero sabía que ocasiones como esa ponían a prueba las habilidades de una profesional para tratar con las personas. Habló breve pero educadamente con la asistente y después, como Kim, escribió un e-mail a Paul. Se tuvo que controlar para expresar su agradecimiento por la oportunidad ofrecida, así como su decepción de que no siguiera adelante. Y terminó con la esperanza de que, a pesar de que este no hubiera prosperando, quizá podría haber otro proyecto más adelante.

¿Cuál fue el resultado de este episodio? Primero, en menos de un año Paul se había marchado de la editorial. Su antigua asistente ocupó su puesto y una de sus primeras decisiones fue asignar a Gretchen una obra importante. También pensó en llamar a Kim, pero parecía tan enfadada que estaba segura de que no querría trabajar con ella.

En una situación de retirada resulta crucial encarar las posibilidades de futuro y no los problemas actuales, y, por supuesto, no personalizar. Resiste la tentación de atacar a alguien personalmente. Si el diálogo empieza en ese nivel, la gente sólo defenderá su autoestima. Intenta mantener un estado mental racional orientado hacia tus metas a largo plazo. Si es necesario, deja que el otro se desahogue sin tomártelo de forma personal. Deja claro que el conflicto es sobre el asunto y no es personal. Esto ayudará a prevenir que la otra parte se sienta enojada y a la defensiva tanto ahora como cuando se presenten oportunidades en el futuro.

CULTIVAR ALGUNOS DE LOS INTANGIBLES EN LA NEGOCIACIÓN

Además de las estrategias explícitas que hemos analizado, existen muchos intangibles que pueden influir en la negociación de un conflicto. Sutilezas verbales y el lenguaje corporal pueden marcar la diferencia de cómo progresa la resolución. Pasa más tiempo escuchando que hablando y mantén el contacto visual. Utiliza la palabra *y* en lugar de *pero*. Si usas *pero* descartas todo lo que se ha dicho antes, mientras que si usas y envías el mensaje de que estás interesado en la otra parte y estás buscando un terreno común.

Más específicamente, ten mucho cuidado en el uso del teléfono, el correo electrónico y otros medios de comunicación no visual. La falta de expresiones faciales, entonaciones vocales y otras claves del cara a cara pueden crear grandes malentendidos. Una y otra vez, reitera tu interés en las preocupaciones de la otra parte y tu determinación a encontrar una resolución que sea mutuamente satisfactoria.

A veces el lugar donde se desarrolla la negociación puede ser importante. ¿Tiene lugar en un espacio en el que tú o la otra parte se sienten incómodos? ¿Estás en un lugar que es quizá demasiado cómodo? En un ambiente de oficina, siempre existe la sensación de que las cosas tienen que pasar por los canales oficiales, y la gente tiene que estar a la altura de su reputación. Si es posible, sal fuera a tomar un café o incluso a dar una vuelta a la manzana. Como regla general, cualquier cosa es mejor que una reunión en la fortaleza personal cuidadosamente construida por alguien.

Si has tenido alguna experiencia previa en la resolución de conflictos con esta persona, ten presente cómo esa historia puede afectar a la situación actual. Si fue una experiencia positiva, enmarca la nueva situación en ese contexto. Si fue negativa, encuentra una forma de empezar de nuevo, si es posible. En caso contrario, pídele a alguien que realice la negociación en tu nombre. Ten presente que la gente otorga una importancia muy diferente a los elementos de un conflicto. Por ejemplo, en la negociación para un empleo, tú puedes dar más valor a la ubicación y menos al salario, o viceversa. Ten cuidado con tus puntos de vista subjetivos, e intenta descubrir también los de la otra parte. Saber lo que se «valora» realmente (no sólo cuantificado) es una parte importante de la resolución asertiva de conflictos.

Ten siempre presente la presión del tiempo. Si no hay ninguna, créala. En una negociación de negocios o corporativa, cada paso en la resolución del conflicto debe llevar unido un cuadro de tiempos de «qué por quién». En caso contrario, actuará el principio de que el trabajo se expande para llenar el tiempo disponible. ¡Incluso si es para siempre!

Finalmente, un pensamiento que se aplica no sólo a la resolución de conflictos sino a todas las habilidades para tratar con las personas que hemos analizado en estos capítulos. Procede de Roger Fisher, un antiguo profesor de Harvard, y coautor de *Sí, de acuerdo*, uno de los libros sobre negociación más vendido de todos los tiempos. Roger Fisher dice: «Sé incondicionalmente constructivo. Enfoca el conflicto con esta actitud: "Te acepto como un compañero de negociación en igualdad de condiciones; respeto tu derecho a discrepar; seré receptivo". Algunos critican mi enfoque como demasiado blando. Pero negociar bajo estos principios es una señal de fuerza».

Cada día y cada semana todos nosotros participamos de muchas interacciones, pero eso no significa que mejoremos al hacerlo. Para mejorar tenemos que ser conscientes de la estructura y las dinámicas de las habilidades para tratar con las personas. Debemos pensar de forma clara, objetiva y crítica. Sobre todo, debemos actuar de forma asertiva.

No existe un estilo «mejor» de habilidades asertivas para tratar con las personas. Deberás encontrar las herramientas y las técnicas que sean más efectivas para ti. Prueba las ideas que hemos explorado en estos capítulos y observa qué funciona mejor. Determinadas ideas citadas por Dale Carnegie están muy cerca de ser principios universales. Estas son:

Ten una paciencia ilimitada. Nunca arrincones a otra persona y ayúdala siempre a conservar la dignidad. Para ver a través de los ojos de otras personas, ponte en su lugar. Evita las pretensiones de superioridad como si fueran el diablo. Y sobre todo, actúa. La inacción engendra dudas y miedos. La acción genera confianza y valor. Si quieres superar los elementos negativos de tu vida, no te quedes sentado en casa pensando en ello. ¡Sal y haz algo!

PASOS A SEGUIR

1. Tener buenas habilidades de negociación te puede ayudar en tu carrera. Primero, basándote en la información transmitida, elabora una lista de todos los rasgos que debería tener un buen negociador. Después toma nota de todos los rasgos de la lista que posees. Haz un esfuerzo concertado para desarrollar y practicar los rasgos que no poseas. A continuación mantén un diario de los cambios y resultados que notas en respuesta a la mejora de tu conjunto de habilidades.

2. Los tres principios estratégicos fundamentales para potenciar la negociación son:

a. Adoptar un enfoque en el que todos ganan
b. Clarificar qué quieres y por qué lo quieres
c. Tener lista una imagen centrada de tu Plan B, o posición de retirada. Busca un amigo o colega con el que

puedas practicar estas estrategias. Realiza algunos ensayos de negociación con tu compañero, cada uno tomando notas honestas de los puntos fuertes y oportunidades del otro para poder mejorarlas. Disfruta de este ejercicio y anota los cambios positivos que has hecho a medida que practicabas estas técnicas.

3. Durante un conflicto, centrar tu atención en encontrar una forma de satisfacer al otro, mientras sigues cuidando de tus necesidades, te coloca en una posición muy poderosa. Sin embargo, quitarte de en medio implica una gran cantidad de disciplina, conciencia y práctica. La próxima vez que entres en una negociación o una situación conflictiva, elige conscientemente centrarte en las necesidades del otro antes de empezar. Una vez se resuelva, asegúrate de apuntar lo que has aprendido al cambiar tu posición centrada en ti mismo por una que sirve a otra persona. ¡Muy a menudo los resultados son extraordinarios!

NOTAS DEL PLAN DE ACCIÓN

SOBRE EL AUTOR

Dale Carnegie nació en 1888 en Missouri. Escribió su conocido libro *Cómo ganar amigos e influir sobre las personas* en 1936, un hito que cimentó la rápida difusión de sus principales valores por todos los Estados Unidos. Durante la década de 1950, empezó a cobrar forma la fundación de Dale Carnegie Training® tal como existe en la actualidad. Dale Carnegie falleció poco después, en 1955, dejando su legado y un conjunto de principios esenciales que se extenderían durante las décadas siguientes.

En la actualidad, Dale Carnegie Training cuenta entre sus clientes con cuatrocientas de las empresas que figuran en la lista de Fortune 500. Con un total de más de siete millones de graduados, Dale Carnegie Training se dedica a servir a la comunidad empresarial por todo el mundo.

Para más información, visite www.dalecarnegie.com.